刀匠・武道家
松葉國正

日本刀が
斬れる理由《わけ》、
美しい理由《わけ》

BABジャパン

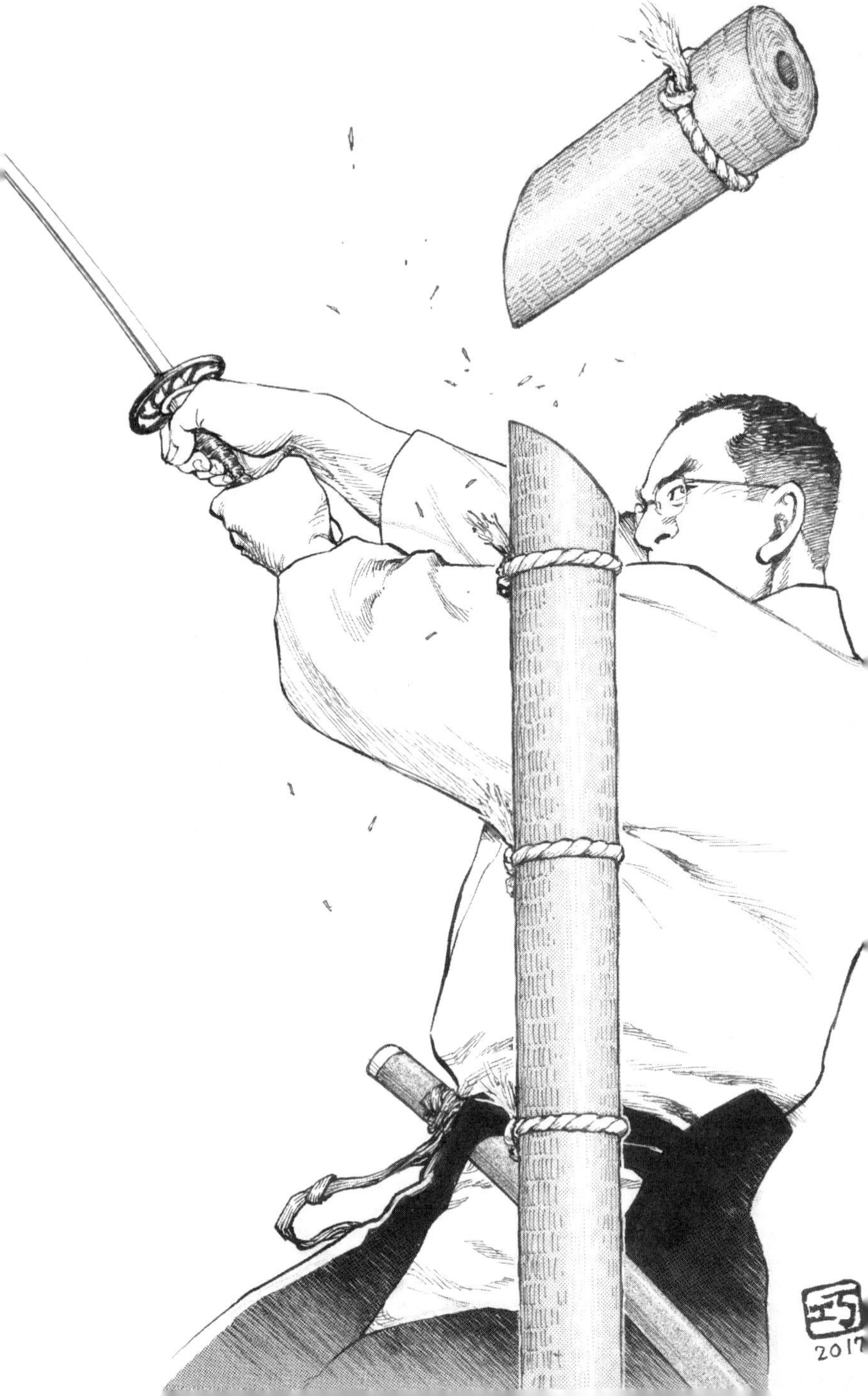
2017

イラスト：ながやす巧

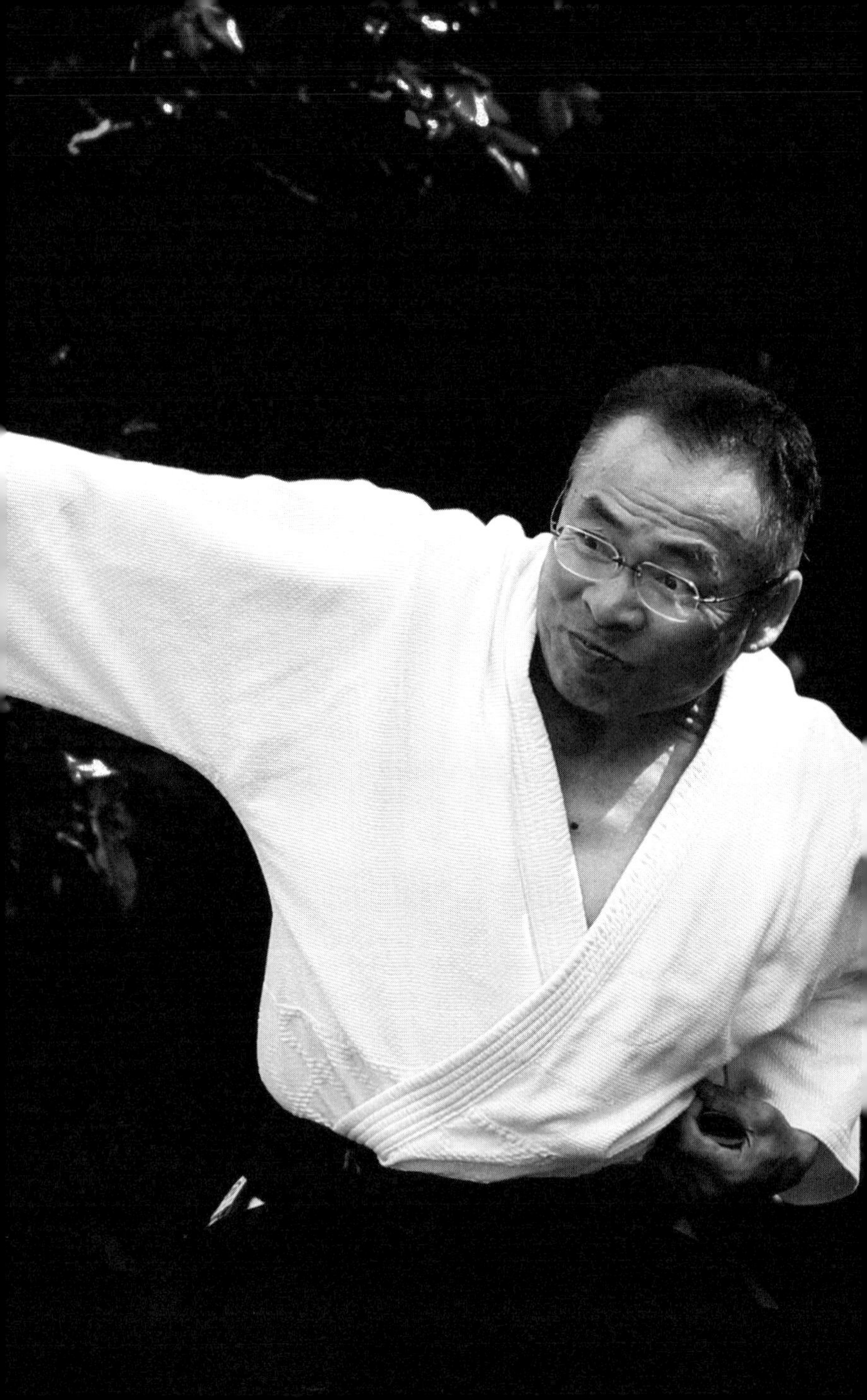

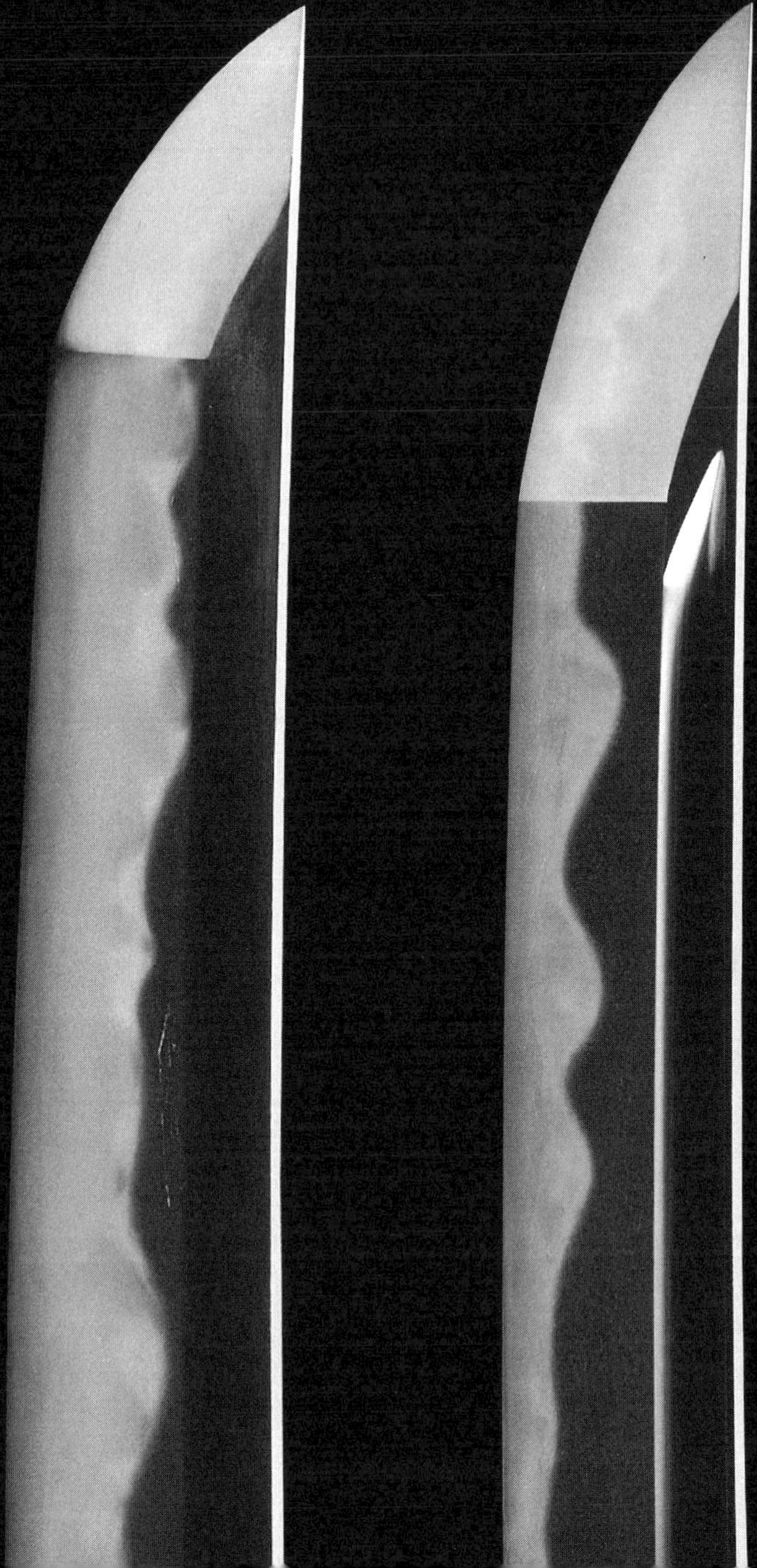

日本刀には、
21世紀の技術をもってしても解明されず、
このまま〝謎〟として、
残ってしまう事になりそうな領域がある。

目次

第1章　日本刀よどこへ行く……13

第2章　戦う日本刀……67

第3章　刀を作るという事……107

第4章　日本刀と共に生きる……143

《第 1 章》

日本刀よどこへ行く？

一　刀鍛冶

思い返せばずいぶん長い年月が過ぎて行きましたが、その日のことは今も鮮明に覚えています。7月初旬、日差しは強いけれど高原を吹き渡る風の爽やかなよく晴れた日、ポンコツのホンダホークⅢにまたがって中央高速を駆け抜け、甲府盆地を横切り八ヶ岳連峰の南麓、山梨県長坂町（当時）の故小林康宏師の鍛錬場を訪ねたのです。どんな若造だろうという感じで好奇心に目を輝かせた小柄な老人が小林康宏師その人でした。いきなり、君は力がありそうだな、ちょっとこれを斬ってみなさい。と輪切りの丸太の上に寝かされたT字の鉄片、渡された細身の頼りなさげな刀身のナカゴに手拭いをまいて、えいやっと斬ると4分の3程食い込み、師も感嘆の声をあげていました。初めての試し斬りが鉄相手なのもその後の人生を予感するものだったかもしれません。

そもそも『月刊空手道』という雑誌に載った、「鉄をも斬る、幻の名刀を再現した現代刀匠現る」という記事で小林康宏師を知って、当時、泉岳寺近く、高輪にあった「鍛人（かぬち）」という専属刀剣店を訪ねたのがきっかけでした。居合を修業するために刀を探していた私は、この方に作ってもらいたい、と思ったのです。そこでご子息直紀さんに「父と直接話してくれ」と言われて、会いに行ったのでした。

昼食をごちそうになり、霊峰富士や南アルプスの絶景を堪能しながら師の饒舌に魅せられてゆきました。しばらくして師がやおら「君、刀鍛冶になってみないか」と。

私は絶句し、「私は不器用なのでとても無理だと思います」と答えました。すると師は破顔一笑、「君ね、刀作りなんてかんたんだよ。子供でもできるよ。」

それはまったくのペテン、真っ赤なウソ（！）で、刀作りは非常に難しく、それから35年たった今も悩み続けています。使えそうな若者をこの道に引き込み、衰えた体力を補う助手として使うための方便だったのでしょうが、そんなものか、と真に受けたわたしもかなりの能天気な世間知らずでした。しかし、住み込んで数か月を経ぬうちに日本刀の輝きや、揺らめく炎、鋼の沸く音、炭の匂い、鍛冶屋生活の面白さにすっかり魅了され、これを我が道と定めていたのでした。

刀鍛冶人生の出発点が小林康宏門下というのは刀匠となってのち、刀剣美を競うコンペティション（新作名刀展）では大きなハンディキャップを背負うことにはなるのですが、その分、よりとらわれの少ない目で日本刀をみつめることができてきたような気もします。それは同時にまともな刀が作れない、貧乏神と同居する喜悲劇の主人公を生きることでもありましたが。

小林門下は実用では日本一だと意気軒高、加えて低温鍛錬によって鍛え殺さない優良な鋼は古名刀につながる、と盛んに吹聴していました。

しかし、入門後一年も経たないうちに師の話にある矛盾、自分の作品についての欺瞞的な誇張

（粟田口の地鉄はこれだ、とか）に気づいて、仕事の未熟さもだんだんに見えてきて、このままこの人についていったのでは刀鍛冶になれないのではないかと、非常に悩みました。

刀鍛冶はそう簡単に師匠を換えられるものではないのですが…すでに独立を果たしていた兄弟子や主だった周囲の方たちに相談、結局別離の道に進むことになったのでした。（その後間もなくして小林師は死去。後々、説明が面倒だったので死去によりやむなく修業先を変えた、と聞かれた際は答えていました。）ただ、今思えば、大した志もなく刀剣愛好家でもなく、物作りにハマる職人気質でもなかった私なんぞが、身の程知らずにも刀鍛冶を目指し、かくも手ごたえのある人生を歩むことができたのは、ほかならぬ小林康宏師に出会ったからで、他の刀鍛冶ではありえないことだった、と思います。この道に導いてくださったことには、今は感謝の念しかありません。世の中は多かれ少なかれ外面（タテマエ）と、内向きの真実が一致することはあまりないものだ、とは単純熱血馬鹿正直の若かりし頃の私には理解できないことだったのでした。取り返しはつきませんが、あのまま続けた方が楽だったかもしれません。

生前の小林師はよく、「今に、日本刀の美しさに世界中が大騒ぎする時代が来るよ。」「今に刀が斬れるとか斬れないとかどうでもよくなるよ。」と言っていました。まさに現在、そんな時代が到来したのではないか、と思います。人前では、ワシの刀は鉄でも斬れる、と豪語もしていましたが、その実、師の心のうちに、刀剣美への深い愛着と古名刀への猛烈な憧憬があったことは間違いありません。

小林師に出会って、この道を歩み始めいつか35年が過ぎ、自分の下手さ加減に自らあきれながら、四苦八苦してなんとか刀を打ち続けてもう７００振り以上…コケの一念恐るべし!?

二　修業の果てに

私は不器用な上に粗野な性格ですから、刀職としては全くダメな方です。

しかし、子供のころから物事を深く長く考え抜く癖があり、どこか現代日本に不適合な人間なのかな、と思ってきました。この世界に飛び込んで以来、この人類史上稀有なアイテムを作り、使い、鑑賞して徹底的に考え抜いてきました。そして今はぼんやりとではありますが、日本の武術、武道、いにしえの武者の心の一端にも迫り得たような気がしています。

なにより、人間国宝や、それに近い名人、その弟子たちと、名工ひしめく現代日本でこんな私が刀鍛冶として今日までやってこられたこと、あまつさえ新作名刀展で特賞一席を5回も取れ、無鑑査※にまで上り詰めたことは、望外の喜びでありました。

兄弟子安藤広清師のおかげで何とか刀鍛冶となれましたが、刀匠資格を得て独立開業した当時（平成元年）の私は、その直前に奈良吉野の河内國平師の鍛錬場で8か月お世話になったおかげ

※「無鑑査」…公益財団法人日本美術刀剣保存協会（日刀保）が認める最高位の資格。同会が主催する展覧会、発表会への出品において審査が必要とされない。

岡山県津山市で研磨中の安藤広清師（写真右）と。

でなんとか独り立ちできるかできないか、いずれにしてもお話にならない下手鍛冶だったのです。新作名刀展に初出品した刀は平入選、下から数えた方が早い席次でした。

有り余る体力と燃えるような向上心でひたすら作刀に励んだのですが、膨大な炭を焚き、何十キロも玉鋼を鍛えてもフクレ（餅をあぶったときのように、鋼に残った空気が膨張して豆粒のようにふくれる）、鍛え割れ（沸かしが悪く鍛着が不十分）、焼き割れ（焼き入れでひびが入る。刃切れなど）等々失敗が多く、なかなか売れる作品にまとめ切れません。3か月に一振り、よくて二振り完成させるのがやっとという体たらく…。

当然ながら経済的には困窮を極め、本当に苦しい日々でした。今、私の弟子たちを含め

奈良の河内國平先生のもとで、丸太をたたいて向こう槌の練習。当時は7キロの大槌を何百回でも叩けていました。

若手の刀鍛冶はほとんどそんな厳しい状況にあるようです。

しかし私は当時、炭と鋼と研ぎ代金を支払ったら本当にカツカツのそんな日々がつらいとは全く感じていませんでした。足掛け7年の修業の間に、あんな刀を作りたい、こんな鍛えはどうだろう、焼き入れは…と妄想満々杯、自分のアイデアを試したくてもう爆発寸前だったのです。そして今まさに自分の刀が打てる！この喜びは私の脳内麻薬を全開にし、苦しみすらも喜びと感じていたのです。自転車操業あらため、一輪車操業と自嘲していましたが、この上ない幸福感に満ちていたのも鮮明に記憶しています。

刀匠資格を得た翌年から日刀保（公益財団法人日本美術刀剣保存協会）主催の作刀実地研修会に研修生として参加、奥出雲に6年通いました。そこで吉原國家、義人両師や三上貞直刀匠（現全日本刀匠会会長）などに教えをうけ、急速に腕を上げて平成5年には新作名刀展で初入賞、8年には優秀賞に入り、ようやく一人前の刀匠として認知され始めたのでした。

初めて努力賞をいただいた授賞式の帰り道、たまたま通りかかった無鑑査刀匠岩手の山口清房師がいみじくも、「まさか君が入賞できるような刀鍛冶になれるとは思わなかったねー」とおっしゃったものでした。（山口師は、昭和63年の文化庁主催刀匠研修会（刀匠試験）では講師を務めていらした人間国宝隅谷一門の大ベテラン）

当時の私を支えていたものは、自分自身の日本刀、古名刀への限りない憧憬、仕事の面白さ、

奥出雲横田町での研修中。（写真最奥が筆者）

そして何より底なしの体力だったでしょうが、よくよく考えてみればそんな私を可愛がってくれ、仕事を切らさずに回してくれた方々の存在ですね。ちなみに私は、平成元年に開業して以来、注文が切れたことがありません。あの頃も現在も、周囲に恵まれていることには感謝あるのみです。

15年には寒山賞、その後10回特賞を受賞し平成25年、ついに無鑑査刀匠になったのですが、我がことながら信じられない思いがいたします。

宮崎の片田舎、日向市平岩に百姓のせがれとして文化とは縁遠く生まれ育ち、不器用、粗雑、どこをとっても刀匠はおろか美術工芸家として大成できる要素は自分の中には皆目見当たりません。あえて言うなら、かなりの

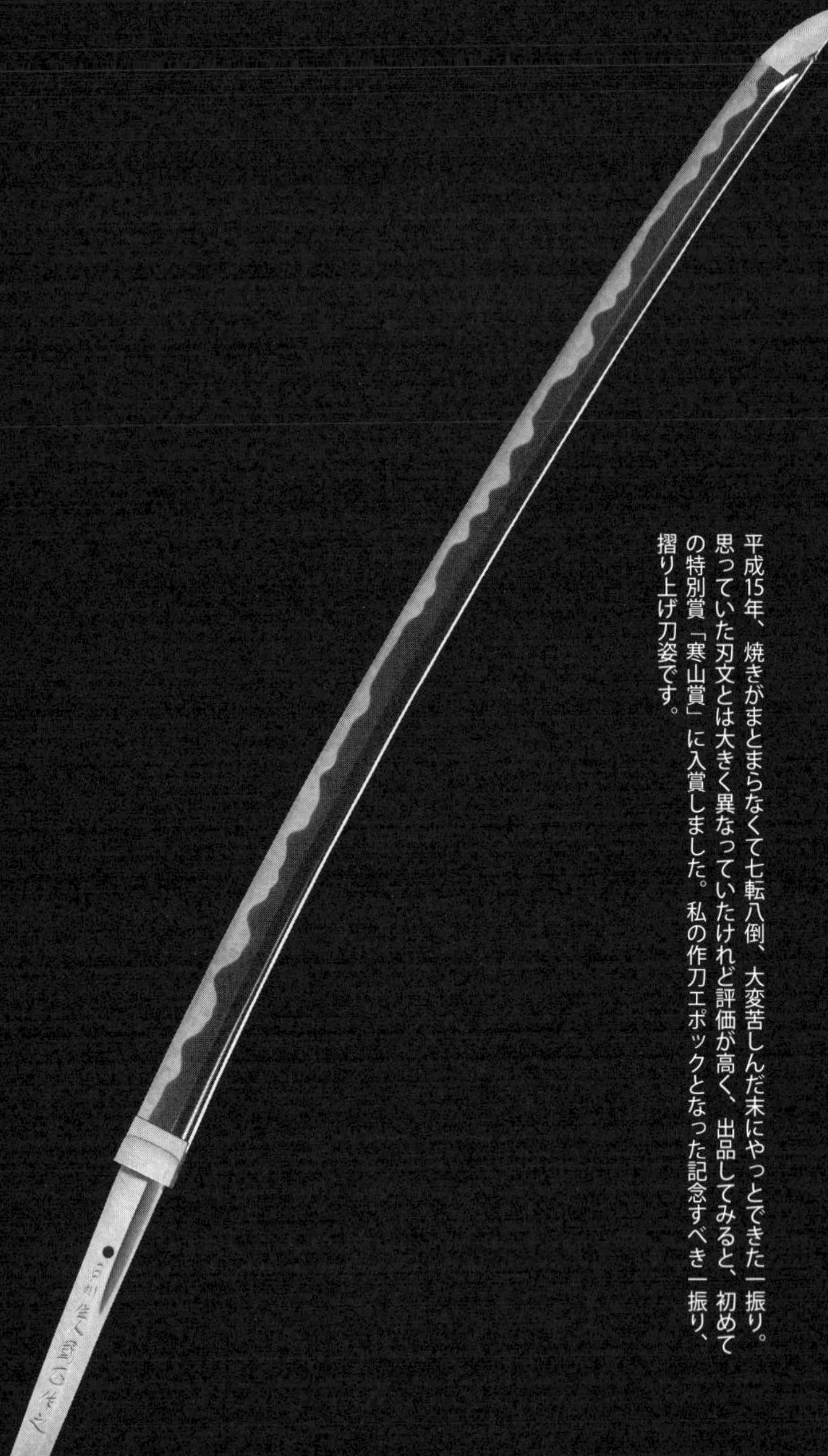

平成15年、焼きがまとまらなくて七転八倒、大変苦しんだ末にやっとできた一振り。思っていた刃文とは大きく異なっていたけれど評価が高く、出品してみると、初めての特別賞「寒山賞」に入賞しました。私の作刀エポックとなった記念すべき一振り、摺り上げ刀姿です。

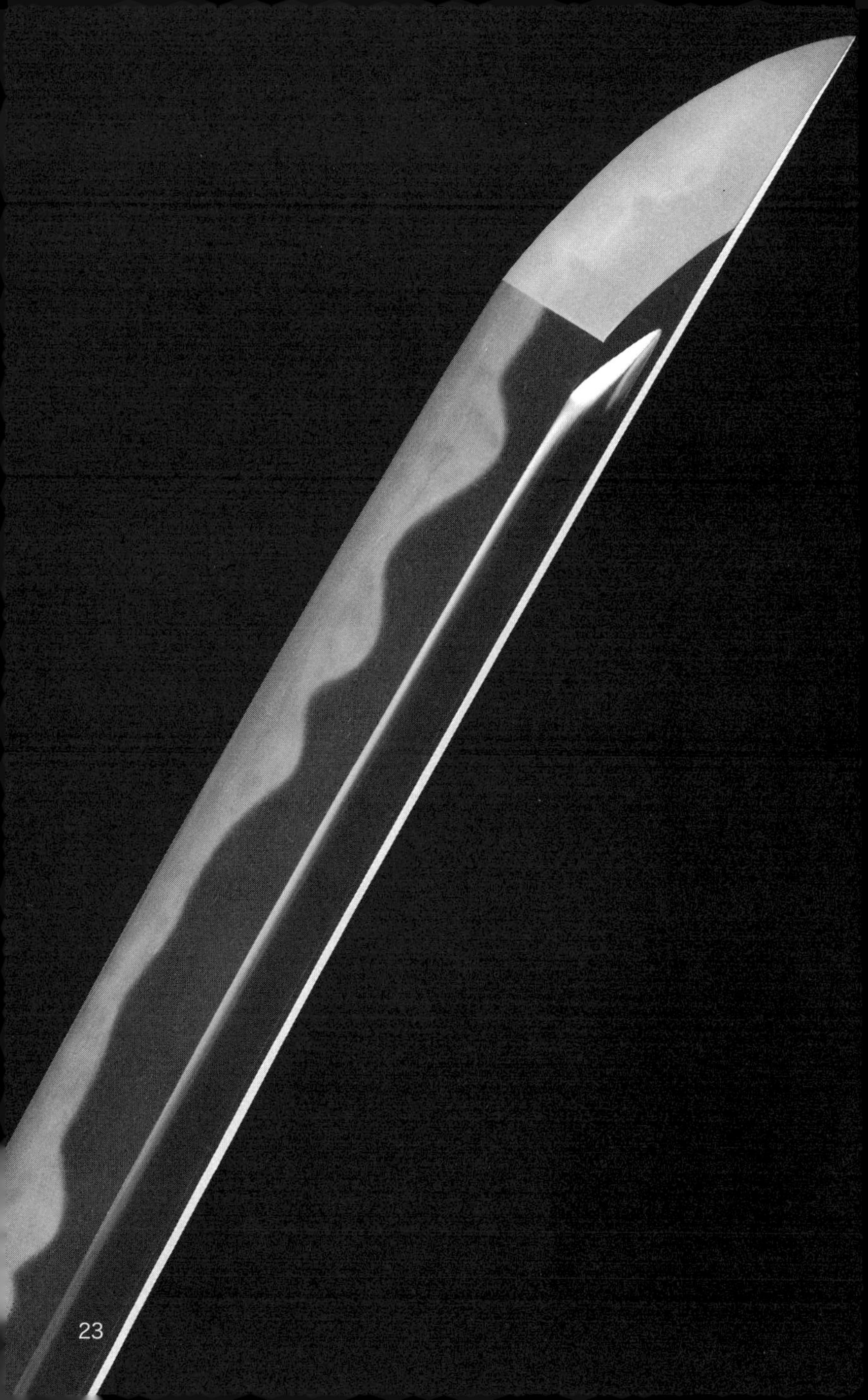

負けず嫌いで意地っ張りだから根性はあるほうでしょう。また、美しいもの、不思議なものへの素直な憧憬も人一倍強いのかもしれません。

風景画を描くことは昔から好きでした。しかし自分に確信のない田舎者の、心の障壁をうち破るには長い長い彷徨の時が必要でした。私には合気道や剣術などの影響こそが決定的なものだったかもしれません。

武道修業者でもある私ですから、武用刀の製造にあまり抵抗がなかったのも刀匠としてサバイバルできた要因だったと思います。バブル崩壊後に続いた長い長い不況の時代、当然田舎の三流刀工の刀などそうそう売れるわけもなく、現代刀を扱ってくれていた刀剣商（全国のデパートで販売していた紀伊国屋さんに最もお世話になりました）に打ち卸し（研ぎあげないで荒研ぎのまま売却すること）で買ってもらったり、たまに地元から入る居合用刀の注文もごくごく安い研ぎ、安い拵えを付けて販売しておりました。現在でも居合用刀は安く作っていますが、それでもあのころは現在の半値以下で販売していました。

小林門下での修業中や、やっと独立開業したころに、東京中野の高円寺で小さなラジコン模型店を営みながら、じつは刀剣の目利きで凄腕の刀剣商でもあった故戸塚宏師に非常にかわいがっていただきました。（思えば日本刀保存会で屈指の論客として活躍中の近江紀夫氏に連れて行ってもらったのが始まりでした。）

日本刀の呼び方

古刀	戦国期以前の刀
新刀	慶長年間（1596-1615）以降の刀
新々刀	明和年間（1764-1772）以降の刀
現代刀	1876年（廃刀令）以降に作られた刀

戦前戦中戦後、日本刀と共に生きた師の、生粋の江戸弁での名調子はとても面白く、時が経つのも忘れるほどでした。狭い店内の板間に上がり込み、師がお好きだった在銘健全な新刀、新々刀（慶長以降、主に江戸期の刀）を数多く見せていただき刀剣の魅力を存分に味わう私にとって至福の時間で、よく出前の大盛のカツ丼や天津飯をごちそうになったことも忘れられません。なにより作刀依頼をいつも絶え間なく出してくれて、作刀を力強く後押しし、励ましてくれました。

亡くなる前年、初めて特賞（寒山賞）に入った刀をお見せでき、長年のご恩に少しは報いられたかな、と思います。その時は出来の良さにいたく感心して「上手になったねー」と目を細め手放しで褒めちぎってくれ面映ゆかったのを覚えています。

試し斬り用や居合用刀、など、刃文や地鉄《じがね》はどうでもよいと考えるお客ばかりだったら、いつか新作刀展も出さなくなって、実用一点張りの刀作りをしていたかもしれません。刀

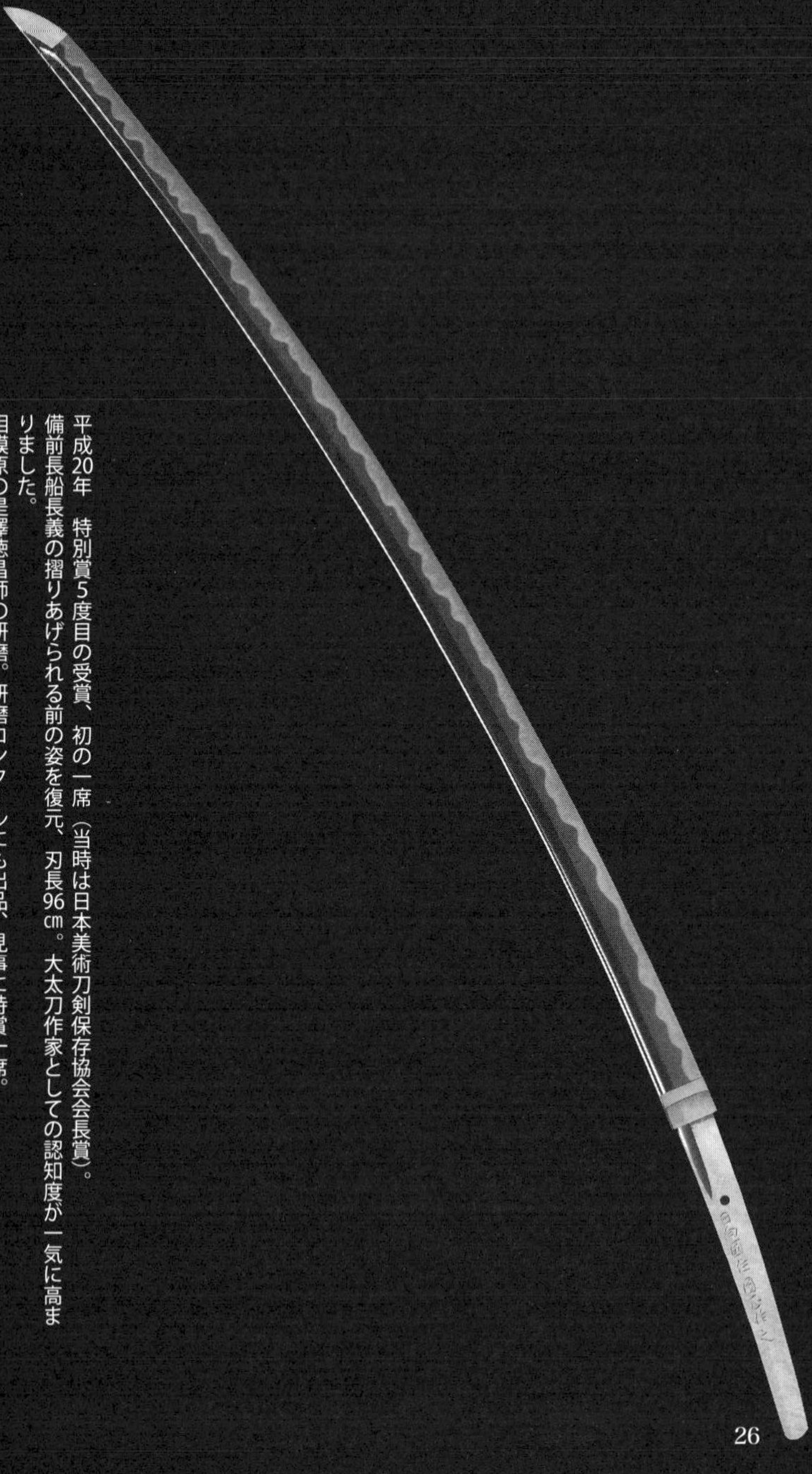

平成20年　特別賞5度目の受賞、初の一席（当時は日本美術刀剣保存協会会長賞）。
備前長船長義の擂りあげられる前の姿を復元、刃長96㎝。大太刀作家としての認知度が一気に高まりました。
相模原の是澤徳昌師の研磨。研磨コンクールにも出品、見事に特賞一席。
2度日本一になった稀有な太刀です。

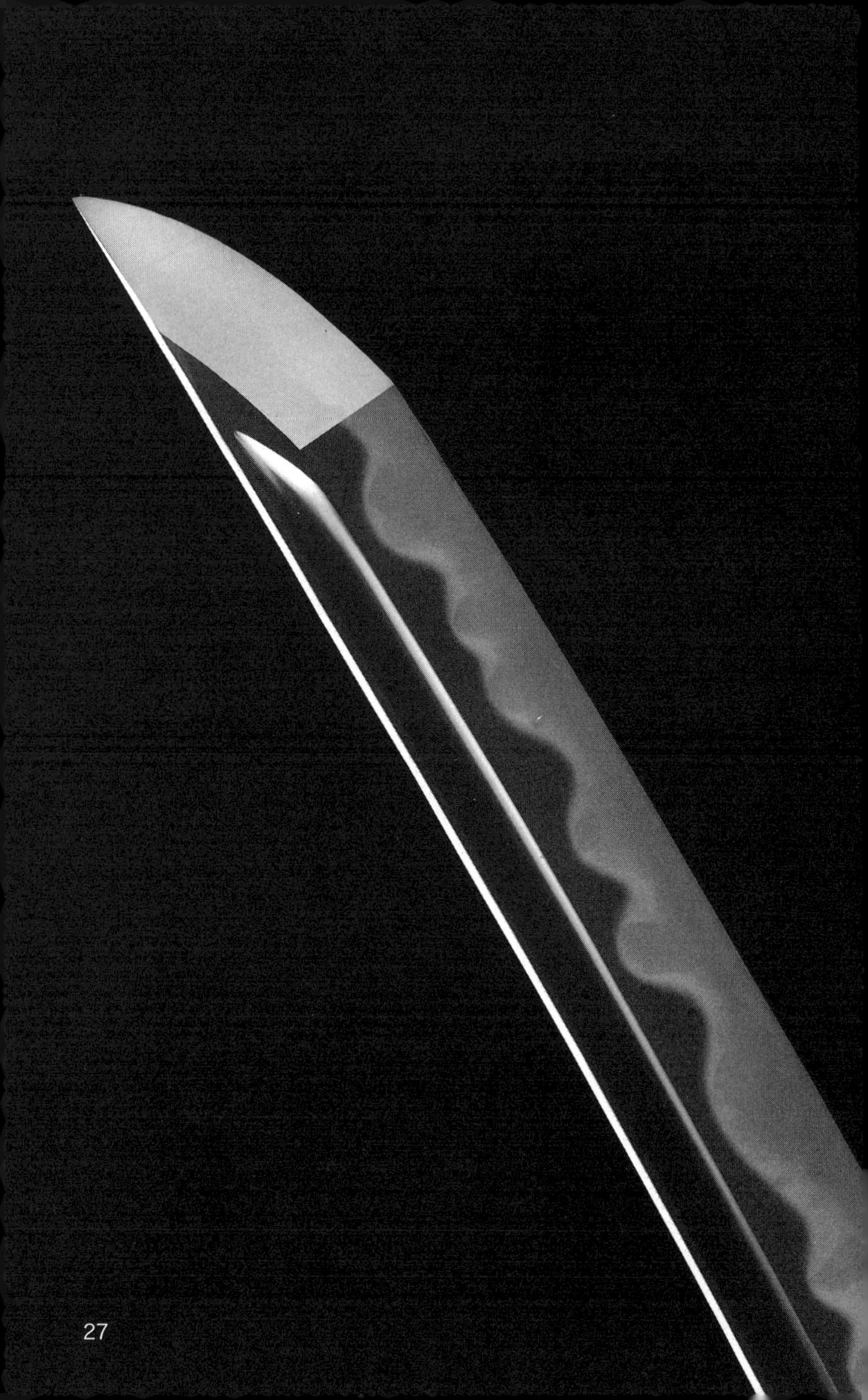

剣の美しさに遊ぶ師のような人々に出会えたことも後々の刀匠人生を考えると幸運だったと思います。

並み以下からスタートした田舎刀工としては望外の成功を収めた私ですが、実は今でも注文が途絶える恐怖から逃れられずにいます。特賞をとれる、美的には高いレベルの刀身を打つことはどうやら自信ができて、実際平均的に満足のいく刀が打てていますが、いまだに三流刀工の癖が抜けず、高い値段で買ってもらうのがどうにも気が引けていけません。無鑑査クラスでは日本一安価な刀工だろうと思っています。

田舎でお客が十分に見つからなかったことがしかし、新たな挑戦と展開を生みました。ひょんなことからドイツをはじめとするヨーロッパに販路を求めることになり、もう20年になります。いまでは作刀の半数以上が海外向けです。

ヨーロッパでは、日本刀は美術品として高い評価を受けていますが、その理由は一つにはヨーロッパ式の家屋があると私は思います。ほとんどが石造り、窓は少なくやや薄暗い室内に陰影を刻むレフランプ。まさに刀剣美を鑑賞するのにうってつけなのです。日本刀の美は光の陰影によって観るもので（地鉄も刃文も）ある種光の芸術といってよいのですが、散光（蛍光灯のような）の下ではただピカピカしているようにしか映らないのです。

この日本刀の受注販売を通して世界中の人々と出会うことができたことが、私の人生をこの上なく豊かにしてくれました。私の出会ったヨーロッパの人々の美的な感覚は鋭く、刀剣美の創作者として大きな刺激を受けました。刀鍛冶でなかったらこんなに素晴らしい人達に相手にされることはなかっただろうな、と率直に思います。

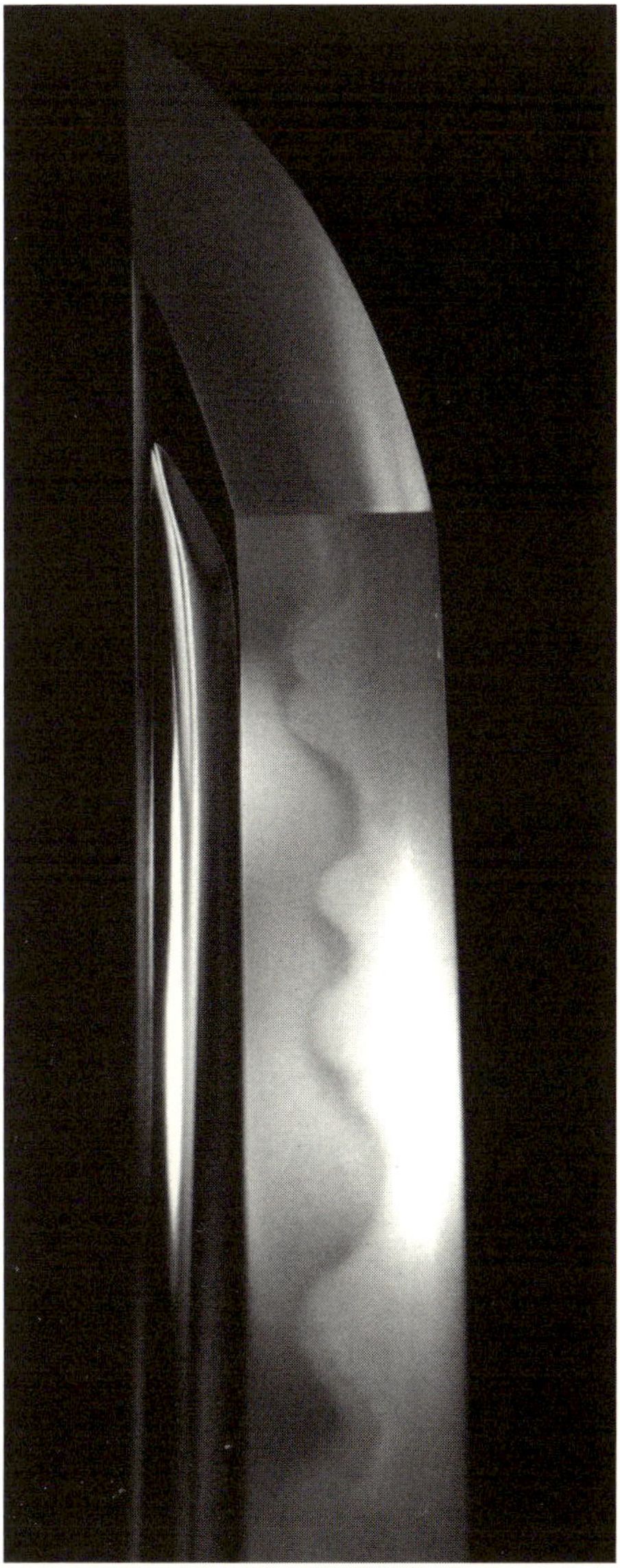

光の陰影が刀の独特の質感、光沢を映す。ただの鉄がこれほどまでに芸術的な輝きを示す不思議さ。その輝きが何百年経っても失われないという不思議さ。

三　日向の國の刀工國正となって

　日本刀を知り尽くす刀鍛冶武道家、として胸を張って発言して行きたいところですが、残念ながら私は、日本刀のすべてを理解しているなどとは到底申せません。しかし日本刀の１０００年の歴史と膨大な遺作を考えれば、しごく当たり前なのです。作っている人間が一番詳しい、という多くの方々の誤解をあえて解かずに利用させていただく場面もありますので、非は多少わが方にもあるかもしれません。

　最近増えている若い日本刀愛好家を誹謗して、国民の10人に1人しかいなかった侍が大事にしたというだけで、しかもたかだか１０００年の歴史しかない武器をあたかも日本の心を代表しているかのごとくいうのはおかしい、愛刀家なんてネトウヨと何ら変わらない、というような主張を目にしましたが、どうもこれは武士の価値観が日本中に浸透していた日本文化への大いなる誤解がありそうです。恣意的に捻じ曲げて取っているのかもしれませんね。

　日本文化の根底に、社会のリーダーであった武士の価値観や武の文化が現代社会に残っているのはむしろ当たり前でしょう。この手の歴史を故意に捻じ曲げて見る人は、世の中を自分の思う方向に誘導して行きたいという意図があるのだと思います。用心しなくてはなりません。

用果たした後は錆びて朽ちるはずの〝武器〟に、1000年経ってなお失われぬ〝美〟が宿っています。

それと、たかだか1000年、なんて…。世界のどこに1000年間も技術を伝え、それどころか1000年前に作られたものが当時と変わらぬ輝きを放っている刀剣があるのでしょうか。私は寡聞にして知りません（刀剣に限りませんが）。これを見ても日本は実にサムライの国であったのです。功罪はさておいて。

古代中国人は鉄を金偏に夷（えびす＝野蛮）と書いていました。私たちも金偏に失う、と書きますね。日本以外のあらゆる場所の古い鉄器は、文字通り錆びてそのもとの輝きは失われて姿さえも損なわれてきました。

鉄はかくも脆弱で繊細な金属でありますが、同時に優れた技術をもって加工すれば恐るべき利器となり、銀河と見紛う美を宿してきたのです。

それから私に日本の刀鍛冶を代表して意見を述べる力はありませんから、私の意見をもって日本の刀匠の多数意見とはならないこともご承知おきください。それにどう考えても現代の刀鍛冶が理解する日本刀が日本刀の全てではないでしょう。

実際、多岐にわたる日本刀の分野によっては研究家や好事家、武道家などが我々より圧倒的に詳しいと感じることも多いのです。さらに、ほかの職方、研師《とぎ》や鞘師《さや》などの見識は一般の刀鍛冶よりは歴史的な観点から見て、正確なことが多いだろうと思います。何百年も大切に伝えられてきた刀剣を連綿と、直接手に取ってケアしてきた人々はまさに彼らしかないのですから。

そもそも刀鍛冶と研師の分離、そして他の職人、鞘師や鐔工《たんこう》（つば・鍔）、鎺師《はばき》などの分離は、この国だけに見られます。和をもってもとの数倍、数十倍の力を生むわが日本国ならではの特徴的発展形態といえるでしょう。諸外国にも優秀な刀鍛冶はもちろん大勢存在したのでしょうが、ほぼすべての工程を一人でこなすスタイルが変わることはなかったようです。

日本でそれぞれの分野で一流になるには、才能にあふれていたとしてもほぼ10年はかかります。日本刀は、何十年もの経験を積み練り上げた業を持つ職人が協力して作り上げるものなのです。

一方外国では今でも、（洋の東西を問わず）刀鍛冶は刀身のみならず鐔鞘その他の金具も作り研

日本刀制作は超分業制！

刀身：刀工、研師《とぎ》

刀工が打ち上げた刀を芸術と呼べるまでに研き上げるのは研師。その工程は12にも及ぶ。

鞘《さや》：鞘師

刀の身幅、反りは一振り一振り違う。それに正確に合わせなければならないため、必ず刀身ができてから制作にかかり、作りおきができない。

鎺《はばき》：鎺師

小さな金具ながら、これ専門に作る職人が存在する。刀身は鞘に納めた時に、内側のどこにも触れていない状態にしなければならないが、その関係性を決めるのがこの鎺。ゆえに恐ろしいほどの精度が求められる。

柄：柄巻師

柄は、すべり止めの役割を果たしつつも簡単にはゆるまない強度と外見上の芸術性を兼ね備えた特殊な巻き方で巻かれている。

鐔：鐔工

鐔（つば）はこれ専門のコレクターが存在する芸術パーツ。これだけでウン十万するものも珍しくない。

磨も施します。一人ですべてをこなす能力の高さには驚かされますが、どうしても私たちの知る仕事に比べると見劣りします。一人の人間の持つ人生の時間、能力の限界を思えばさもありなん、といったところですね。（むろん近世以降の工業化した大量生産での分業はまた別です。）

数百年前に作られた刀がこれだけ膨大に作られた当時の輝きを保ったまま保存されていることは、日本刀職方の技術力がそれぞれの分野に特化して、世代を経るごとに進化してきたという揺るぎない事実を示しているのでしょう。

なんとも当たり前にすぎて口にするのもちょっと気恥ずかしいのですが、いわゆる日本刀といわれている刀剣は、刀身だけでできているわけではないのです。鍔、小道具、鞘《さや》、柄、などなどどれが欠けても日本刀とは言えません。実は刀身にしても刀鍛冶によって作られたそのまま、ということはほとんどありません。錆びたり刃こぼれを生じたりして研ぎ直され、短く摺り上げられたり、時には反りをふせられたり、逆に反りをつけられて元の姿から大きく変化したものも少なくありませんし、火災などで焙られ焼きがなまり、再刃されたものだって珍しくありません。

現代刀にしたって、並み外れて研ぎのうまい刀工ならいざ知らず、多くは研師の正確な研磨力による修復が多かれ少なかれ入っているものです。（私の弟子の一人、内田義基の下研ぎは抜群です。そんな例外もありますが、多くの刀鍛冶の下研ぎ（鍛冶押し）は駆け出しの研師よりかなり下手です）ほぼ全ての刀剣が拵えに入っていた時代、日本刀における刀鍛冶の重要度の比率は、

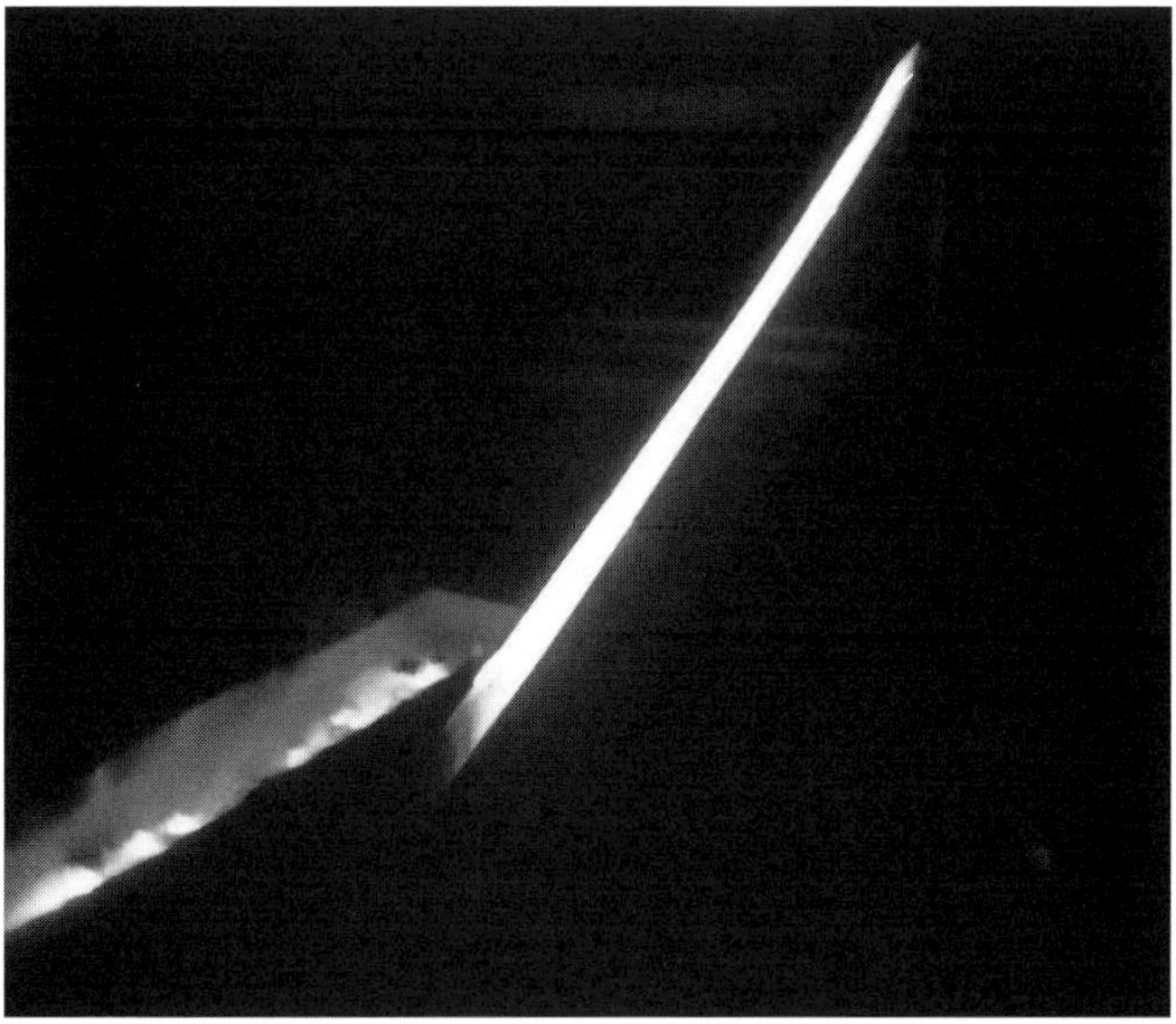

鋼を熱した後、水に入れて急冷する〝焼き入れ〟。そのプロセスは一般にはなかなか理解されていません。

大きく見ても8割、ひょっとしたら7割程度だったかもしれません。無論、刀鍛冶の作る刀身がすべての基礎となり、多くの場合監督や指揮者の役割を果たしてきたことでしょう。しかし出来合いの鞘や柄、ひどい場合は鎺にまで刀身を合わせることも普通に行われていたことなのです。この場合は拵えが主、刀身は従ですね。

ほとんどが白鞘で流通する現代では、相対的に刀身の比率は上がっていると思います。

私は確かに、刀鍛冶はいかにして刀を作るか、については迷いなくよく知っています。鉄（鋼）を鍛え、思う素材に仕上げてゆくことや、鋼の熱処理（焼き入れ他）などは、一般的な知識ではなかなか理解しがたいものであるようです。

奥出雲横田町での研修中。(写真右手奥が筆者)

少々脱線しますが、劇画や小説、映画などで刀鍛冶は、私たちから見るとかなり珍妙な描かれ方をしていることが少なくありません。刀剣鑑定や、冶金関係などの専門家の書物にも首をかしげざるを得ない作刀に関する記述を見かけるくらいですから、宜《むべ》なるかな…とも思いますが。劇画などでは、少なくともフイゴの位置とか情景くらいは本物の鍛錬場の写真や映像を見れば秒速でわかることなのに、製作者の怠慢が目に余ると感じることもあります。私は時代劇画のファンですから、とりわけ残念な思いがするのです。むろん、私たち現代刀匠のレンガやセメントで固めた近代的すぎる絵をそのまま使うわけにはいきませんね。でも、ちょっと想像力を働かせて土間、土壁に変換していただければリアルな鍛錬場が描けるはずです。

しかし、こと作刀法であっても、私たちがこの刀はこのように作ったのではないか、と確信的に言えるのは、せいぜい江戸時代以降の時代の下がったものでしょう。私たちも、自分の知らない作刀法が存在したであろうことを謙虚に想像してみなくてはなりません。昨今、現代刀匠の研究は相当に進み、古刀の謎も少しずつ解明されつつありますが、まだまだ分からないところが相当に残っています。

とはいえ、太平洋戦争の敗戦から十年を経ずして始まった、現代刀匠の自由で意欲的な挑戦は望外の発展をもたらし、公平に見ても現代刀は、過去の相当な名刀と比べても遜色ない美的なレベルに達しているものも多いのです。現代刀の源流は間違いなく新々刀（江戸後期）ですが、伝統にとらわれず革新的な作刀法に復古の理を求め、古名刀の美に挑んできた刀鍛冶が少なくない証でしょう。古刀を神格化し古さが価値の基準となっている、一部刀剣ブローカーには、受け入れがたいことかもしれませんが。

私は、現代刀発展の担い手の一人という自負を持ちつつも、刀匠を代表して意見を述べるつもりはありません。武道も懸命にやってはきましたが、凡百の武道家の一人にすぎないでしょう。しかしながら武道家刀鍛冶として、何十年も日本刀を探求してきたことは間違いなく、様々に感じ、考えたことを余談、無駄話を交えつつ述べさせていただこうと思います。

新たに打たれた日本刀の、清冽な輝きはこれからも現代のサムライたらんとする人々を魅了して行くことを希望し、またこの国の若い力を信じてもいるのです。

四　武士と日本刀

遠く侍の時代から、日本刀に関しての記述は美術、武術、歴史、さらに社会的、文化的にも、あらゆる側面からおびただしい量がなされています。

ためしにインターネット上で記事を探してみますと、現代でも様々な見地からいろいろな意見が飛び交っていることがわかります。

しかし、その議論は深まり発展していっているというよりも、昔からの論争の蒸し返しか、机上で想像をこね回しているようにしか見えないものが多いようです。「武家目利《ぶけめき》き」という言葉は昔からありましたね。

わざわざそんな言い回しをする必要があったのは、武士といえどもともすれば華美惰弱に流されやすいのが人心、サムライのありように警鐘を鳴らす意味でことさらに、日本刀を武器の観点から鑑定する議論がなされたのでしょう。つまり当時からそれほどまでに見た目の美しい刀を求

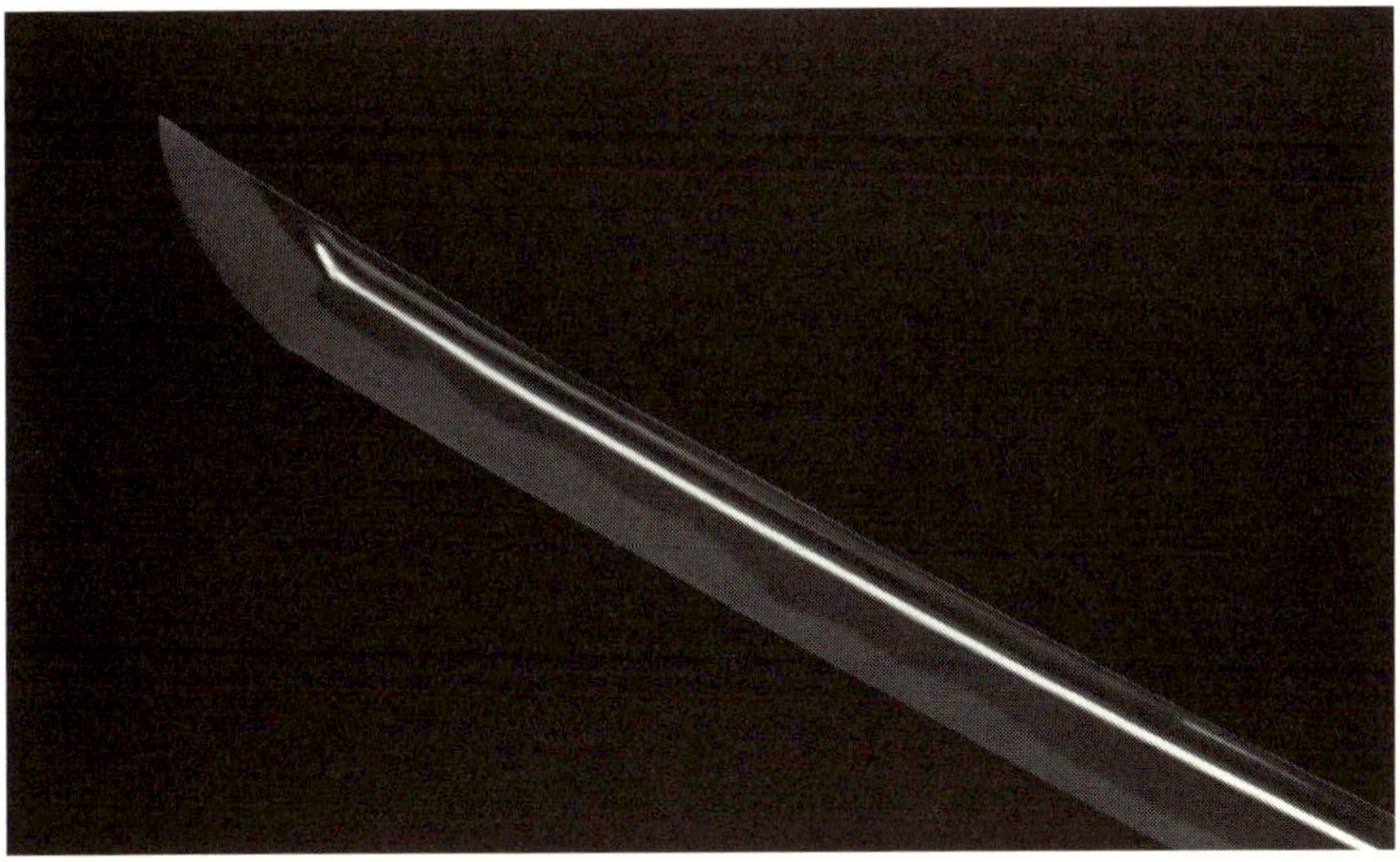

める気持ちが大きかったことの裏返しだったのではないかと思います。

昨今日本刀（短刀脇差を含む）を用いた犯罪はほとんど起きていませんが、戦前、戦後しばらくは、やくざの出入り（抗争）はおろか、市井の人々の喧嘩でも刀脇差短刀（どす、匕首―あいくち）が比較的身近な武器であり、それによる殺傷事件も相当数あったようです。（若いころ、戦前戦後の昔話はいろいろ聞きましたが、なかでも元警察学校校長の某氏が若いころ、特攻隊崩れの博徒が振り回す日本刀に竹ほうきで応戦した話は非常に面白く興味深いものでした。強盗を斬り殺してしまった本人から話を聞いたこともあります。法医学の教科書に背中を日本刀によって袈裟《けさ》斬《ぎ》りされた写真が掲載されていたのを目にして驚いたことがありました。）こうしてみると、日本刀使用事件の減少には、銃刀法（1958年〜）による徹底的な取り締まりが奏功したと言えるのかもしれません。

刀剣商や現代刀匠はこの法律の厳格な支配下にあります。登録制度や製作本数の制限など、いささか不自由な思いもありますが、この安全な日本社会を作り上げてきた国家の歩みをみると、現代日本社会に私たち刀鍛冶が存在するためにも、必要不可欠な法律なのだと思っています。

「日本刀では3人以上斬れない」なんて記事を見つけた時は魂消《たまげ》ました。この筆者は実際に日本刀を使って人を斬ったことがあるのではなかろうか、と疑わざるを得ない断定的な意見ですよね。戦時中に発行された、初代梶原皇刀軒の著書など目にするとそのおぞましさに戦慄はしますが、軽々にそんなことを口にできなくなると思いますよ。（書名は忘れました）

私は、このたぐいのインターネット上などに展開する過激な意見を見るにつけ、現代日本では、法律上、日本刀は美術品（あるいは骨董的価値をもつ商品）としてのみ所持や携帯が許されている特別な武器という扱いであることを忘れているのではないか、と危惧を覚えます。

日本刀の立場は実は微妙で、宅配便やゆうパックで扱いを断られることすらあります。火器と違って、梱包されていれば全く安全なものなのに、過度に危険物扱いされるのも、その鋭利さや実戦時での威力を誇張して描く映画や劇画などの影響ではないかと疑っています。実態から大きく逸脱しているのはちょっと考えればわかりそうなものですが、ルールを決める側に先入観、一種の刷り込みがあるようで、私たち刀剣売買を生業としている者にとっては全く困った事態なの

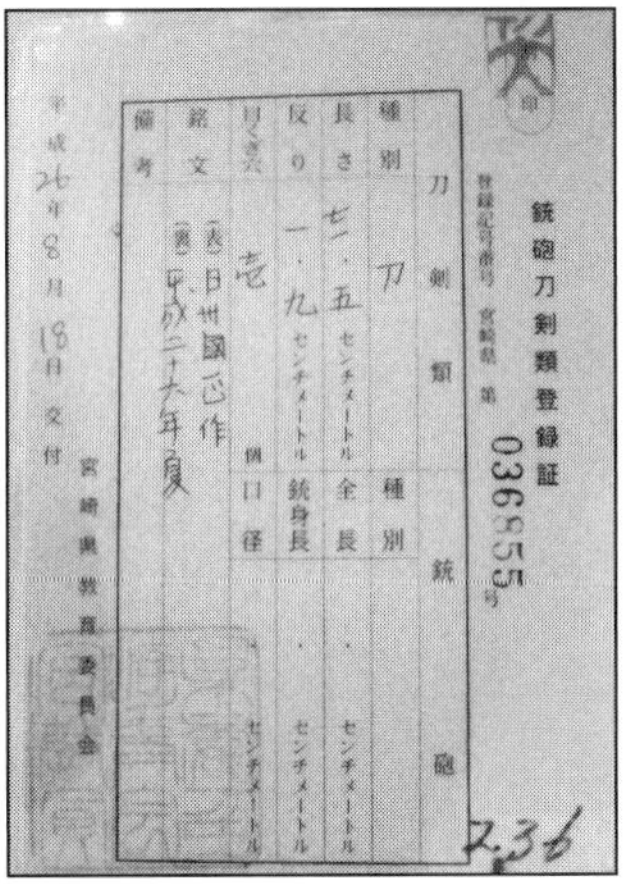

日本刀は美術品として扱われるため、登録証さえ添付されていれば、問題なく持ち運び、展示などを行なう事ができます。〝美術品〟なので、管轄は警察ではなく都道府県教育委員会。

です。（この過剰に危険視されるのは、敗戦で進駐してきた米軍による、日本人から武士の魂を消し去るための洗脳教育の一つだったのではないかと疑っています。）

ちなみに日本刀を扱うことにも警察の許可が必要だと誤解している方もまだいらっしゃるようですが、登録を済ませてあるほとんどの刀剣は、正当な目的さえあれば持ち運び、展示など問題ありません。（あくまで美術品であるという前提のもとに法律は作られています。）

新刀、古刀、軍刀など多数の刀身で試し斬りをした経験から面白い議論を展開している方も見受けました。

そういえば抜刀術で有名な中村泰三郎師が、著書の中で数振りの在銘の古作（新刀、新新刀）を折った逸話をのせています。（進駐軍による刀狩りで数多くの名刀が失われました。アメリカに持っていかれるくらいなら、と折って薪割ナタなどにされた刀も数多く、私も相当数の実物を見てきました）若いころは何の疑いもなくそんなものか、と思っていましたが、鵜呑みにしてはいけません。世に知られた銘刀にはすさまじい数の偽物が存在しています。プロの刀剣商が手掛け、プロをだますために作った偽物などは、少しくらい刀を見る目があっても素人ではまったく太刀打ちできません。（この世界には「狐の引きごろ」なんて生兵法を揶揄する言葉があり、なまじちょっと刀が見えるばかりにカモにされ、数千万を失ったなんて話はよく耳にしてきました。）

現代刀にすら偽物が存在するのですから話になりません。私みたいな取るに足りない刀工の偽物も存在します。（アメリカの友人がオークションに出ている在銘の写真（景清銘と國正銘）を確認のため送ってきたことがありました。それも別の人から。ドイツからもありました。）

財力と腕に覚えがあり、数多くの刀で試し斬りしてきた方でも、数百万振りの日本刀のうちのホンの一部を試したに過ぎないことをきちんと認識していただきたい。一説によると現存している日本刀剣は３００万振り、在銘刀工が15万人に達するそうです。しかも偽物だらけ…。

仮に本物であったとしても、日本刀はその素材から完全ハンドメイド、同じ刀鍛冶の刀でも出来不出来、斬れ味のばらつきは当然あるものですから、あの刀鍛冶は斬れるの斬れないのと決めつけるのは現実的ではありません。戦国時代以前に、作刀数も多く、完成度が高くばらつきの少ない有名刀工は、これは逆に多くの職人の手になる標準化ではないかと思います。一人、ないしは数人で完全手造りですと、作り方によって出来栄えに多少の幅があるのは仕方のないことでは

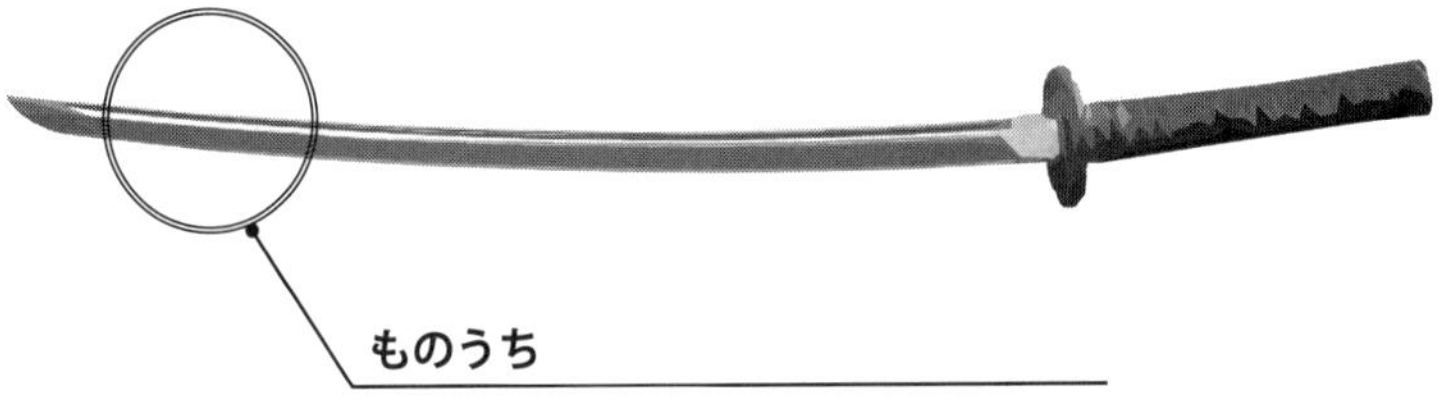

切っ先から三寸（約９センチ）ほどのところを「ものうち」と呼び、刀の最もよく斬れる部分とされます。

ないでしょうか。

作刀法や製作者が雑多に混在していた旧日本軍の軍刀もひとくくりに「軍刀」呼ばわりは全く無分別でしょう。

それに斬れ味を試す人の技量がまた千差万別、玉石混交ですから、そのレポートもまた鵜呑みにすることはできません。例えば試斬に特化した剣術を学んだ人には、刀は「ものうち」は使わず、真ん中あたりで斬るものであると大真面目で信じている人もあるようです。

不明にも私もそうでした。それというのも日本刀の本当の姿を見誤り、刃物の一種とみなしているからだろうと、自戒も込めて思っています。

そういえば、「合気道の科学」という私にはよくわからない理論（？）を展開している本の著者（吉丸慶雪）が、日本刀が武器として非常に劣ったシロモノである、というようなことを主張しているのを見つけて捧腹絶倒したことがあります。彼の理論では、刀身と柄が一体型の西洋式のソードに比

木製の柄は、衝撃を吸収するサスペンションであると同時に精妙な業を刀身に伝えるハンドルの役割を果たします。

べて柔らかい柄をはめた日本刀は構造が脆弱である、といったものだったと記憶しています。これは、パリダカレースにF1レーシングカーは出場できないからパジェロより劣っている、というようなものです。ヨーロッパなど大陸の戦いは時に何年、何十年にも及び、数千キロの遠征も行われていました。武器は頑丈を旨として作られていたはずです。一方日本の剣を取っての戦いは、極めて精緻迅速、それは目的が全く違うのです。柄のない刀で試し斬りしますと、手に非常な衝撃があります。柄はサスペンションであり、また手の内の精妙な業を刀身に伝えるハンドルであるのですから。立派な本を出されている高名な武道家に対して失礼とは思いますが、日本刀と常住坐臥共にしているものとしては看過できない誤謬です。

五 日本刀とは何か

いまさらながらに申し上げれば、日本刀は武器です。なた、鎌包丁、カンナなどとは決定的に違う存在なのです。

これはもう誰が何と言おうとその通りなのですが、だからといって日本刀も刃物でしかも武器なのだからよく切れなければならないと決めつけてしまうのは、ちょっと違う、本質を見誤っていると私は考えています。

そもそも武器の定義とは何か?武の器…? それでは「武とはなにか」を考えることが必要ですね。

もともとの漢字からみれば「武」とは武器を掲げ歩み進む姿だそうです。(白川文字学)つまり争い、勝利に向かっての闘争そのものを指す言葉なのです。

なた鎌包丁などを武器にはできます。戦いは本来手段を択ばないものであるからです。しかし日本刀を一般刃物の代わりにすることはなかなか困難でしょう。つまり目的が違う、ということです。

銃刀法に「刀」が、刃のついた道具の代表になっているのも、他の道具と決定的に違って、戦いのための道具であるからに違いありません。ほかの刃物は、木を切り草を刈り、魚をさばき菜

試し斬りは、日本刀の〝ホンの一部の能力〟を示すにすぎません。

っ葉を刻むのが目的の道具で、たまさか武器として使用されもしますが、日本刀は戦うための道具、すなわち武器以外の使用は、ほぼありえないからです。

ここに、日本刀の現状と実際の齟齬があると思っています。なにしろ現在では、さかんに刀による試し斬りが行われていて、これが武器日本刀の本来の姿を現すと思われているようです。しかしそれは日本刀のホンの一部、刃味を試すに過ぎません。

例えば濡らした畳表を積み重ね断ち割り、その数を競うなどは、どう考えても試斬の意味をはきちがえていると私は考えています。（70センチ前後で800グラムのくらいの普通の刀身であれば、こんな土壇（どたん）を斬り損ねるとまず無事ではすみません。ちなみに土壇とは刑場に盛り上げられた土のことで、ここに首をはねられた死体を置き試し斬りをしていました。両車土壇払いと誇らかになかごに切り付けてある新々刀（固山宗次だったかな？はっきり覚えていません）を見たことがあります。両車＝腰骨のあたり。斬れ味が良くて土壇まで斬り込んだ、という意味です）

余談ながら、抜き打ちで様々なもの、きゅうり、そばなどはともかくとして野球ボールからB B弾まで抜き打ちで両断する居合武術家がいますね。侍というより武芸者と名乗るべきかな、と思いますが、あの業は大したものだと思います。マスコミに登場して向こう受けを狙うことには毀誉褒貶あるでしょうが、武芸者は武芸を生業となすものですから、その瞠目の業前を喧伝するのは当然のことです。

ユーチューブで見ると、世界には他にも据えもの斬りの信じがたい剣術、刀術の達者がいることに驚かされます。私も青竹を燕返しで斬ることを必死に稽古し、わが武芸を売りこんでいますが、実に気恥ずかしいものです。ほかの人々のは知らず、私の演武は完全に見世物芸ですから。しかし演武は出し物、見物人が喜んでくれないと成功とはいえません。

真の侍はそんなことはしないでしょう。しかし私は百姓出の武芸者ですから、芸を売ることに

燕返し

斬り上げて分断された竹の上半分が空中に漂っている間に、返す刀でさらに斬る。

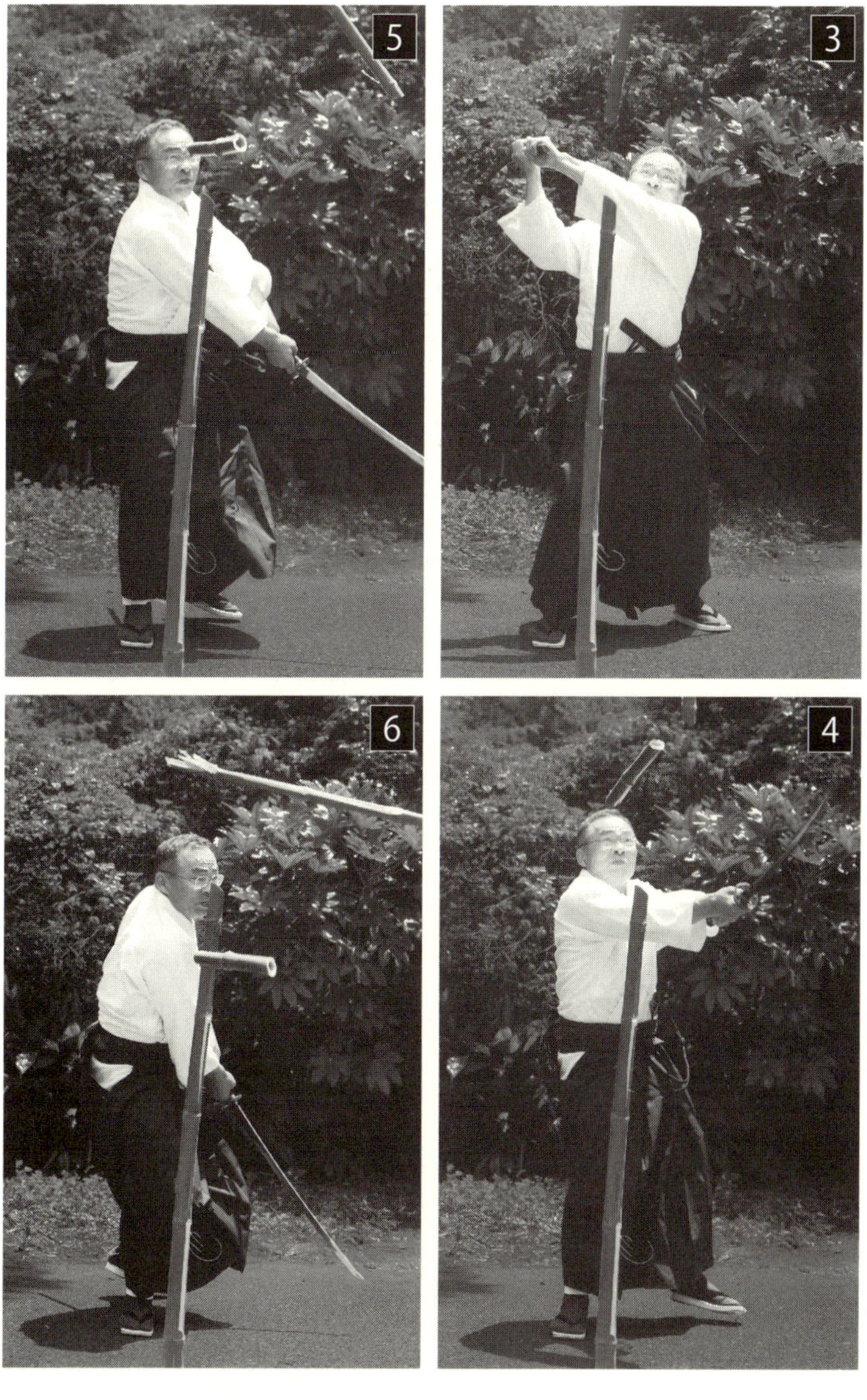
5
3
6
4

躊躇はないのです。（武芸をもって主取、奉公をしていた侍はどうだったのかなあ…見世物芸もやったかもしれませんね。私の希望としては、侍はそのようなものから超然とした存在であってほしいのです。かつての侍は忠義の忠に生きる者こそ真の侍、現代のサムライは忠義の義に生きる者であってほしいと願っています。）

日本刀が武器であるということはとりもなおさず、戦いのための道具であるということです。じっとして動かぬマキワラや竹を斬るための刃物、道具ではないのです。

刀を持って殺意をみなぎらせて向かってくる相手と戦う道具、それが日本刀です。

してみると日本刀に求められる性能はおのずと明らかになってきます。剣法によって違いはあるものの第一に使いやすさ、つまりバランス、打ち合いの強さを生む靭性、刃味の良さも当然あった方が良いでしょうが、そこそこでよいと思います。

日本刀を使った日本刀同士の斬り合いは、西南戦争以降ほぼなくなりました。

ある意味、現実的な武器日本刀の終焉はそのときと言えるかもしれません。

太平洋戦争までの戦争で軍刀として実戦に供されてはいますが、侍の時代とは当然その役割は異なっていたので、私が思う日本刀とは異なる形状のものが多いように思います。

多くの日本刀は、斬り結ぶ闘争の中で威力を発揮するように作られた武器なのですから、近代戦に携行する軍刀と違っていてあたりまえです。もっとも、数多くの伝家の宝刀が、出征に際し殺意をもって向かって来る相手と戦う道具、それが日本刀の本質。

軍刀に仕込まれ戦地で失われたのもまた残念な事実です。運よく帰国しても、私が目にしたものは、擦りあげられ茎《なかご》も削られて心痛む状態のものがほとんどでした。少し長めの脇差くらいのサイズが好まれたようですね。

試し斬りのために作られた刀身は、平地を広く（鎬地を狭く）平肉をつけず（ぺったんこに）刃肉をとってすすどしく、先幅の張った姿のものが多いようです。これは、試し斬りの道具と化した日本刀で、日本刀の本来の姿ではない、と思います。

先の張った一見力強い姿は、ものうちより下部で切り込むとき心地よい斬れ味をもたらします。この姿に見慣れて、優美な太刀、品位ある刀の切先にいって細くなる姿が、いかにも見てくれだけの美術的日本刀と思っている剣術家も少なくないようです。私もそのように思っていました。真の剣術を知らないことによる全く至らない考えで、情けなく感じますが、知らなかったのですから仕方ありません。

そもそも秋吉博光先生（直心影流17代宗家）の文字通り驚天動地の剣技に出会わなければ、今もその考えは変わらなかっただろうと思います。それ以降、それまでに持っていた刀そして剣術への見方がすっかり変わってしまいました。

「頭を一寸斬られて、生きていられる人間はおらん。」

「影流は切っ先をかける」「私が使うと（試し斬りすると）曲がった刀も延びる」

初めて会った夏の日、衝撃を受けた秋吉先生の言葉と技を今も鮮明に覚えています。

六　介者剣法

ここで、現代刀工を、実用から離れた美術刀剣ばかり作っていると思っている方々に反論しなくてはなりません。こうして稀有な剣術家の恐るべき剣技を通じて知りえた日本刀の真実もまた、広大無辺の日本刀、ひいては武で表される思想世界の一部に過ぎないと思うからです。なにより、21世紀の今、斬り合いは机上、空想、想定の中にしかほぼ存在しないではありませんか。

我々が多く範をとっているのは史上最も美しい日本刀が作られた時代と言われている鎌倉期前後のものです。私はそれよりも少し下った、南北朝動乱期に多く作られた大太刀といわれる三尺、四尺（刃長90センチ、120センチ）の長く重い日本刀を模して作ってきました。

騎馬し、甲冑に身を固めていたこの時代が求めていた太刀は、私たちが現在知っている素肌をさらした斬り合いから生まれた剣術用の刀とは明らかに違うものです。斬りつける対象が違って、用法（剣法）も当然違います。重い太刀を使うには使う方法があったのです。現代の居合、剣道のように使えないからと言って非実用品と決めつけてはいけません。現代刀匠の作る刀も立派に武器なのです。（芸術家をもって任じている同業者には、こんなこと言うと嫌がる者もあるかも

刃渡り三尺を超える大大刀。出来てみれば壮観ながら、制作過程は苦労の連続です。

しれないですが。）

（確かに非力な現代人には思いもつかない凄まじいパワーを、往時の侍が持っていたのは、遺作を見れば明らかですが、現代でも、オリンピック選手や、職業スポーツ選手の身体能力には驚嘆させられますね。頑強だったであろう往時の侍の中にさらに出色の強者がいても不思議ではないので、大太刀も案外易々と使っていたかもしれませんね。）

七 切っ先三寸と現代剣道、居合道

実際に日本刀を構えた人を、普通に一般的な試し斬りできる（ものうちのちょっと下方で斬る）距離まで近づけてみると、足が踏めるほど近いのにたじろぎます。

西南の役の戦いはここ宮崎（延岡市）で最後の会戦が繰り広げられたのですが、知人のおばあさんが子供のころ聞いた昔話で、行き合った侍2人が刀を抜いて斬り合う場面に出くわし、遠くから眺めていると刀を抜いた2人はかなりな遠間から30分以上にらみ合うばかりでついに何もせず引いていったと…。実際抜き身の刀身をかざして、これをもって自分を殺そうとしている相手が身構えている場面を想像すると、自分が刀を持っていたとしても映画テレビの殺陣よろしく攻防することはまず不可能だろうな、と思います。斬られたくない気持ちをもって足が踏めるほどの近間に斬りこむ、想像したくないほど恐ろしいですね。やはり少し遠間から切っ先付近で大きく振りかぶらず早く斬りつけたいと思います。

「武」の表す争いは競技スポーツのルールに則った勝敗を決するというようなものではもちろんなく、負けは即死、よくても大けがを意味する極限の争いです。

したがって、その極限の闘争の道具であるならば、戦いの中にこそその本性があるのは自明です。剣での戦いといえば、剣道。軽い竹刀とはいえ、一流の剣士の打ち込みはまさに目にもとまらぬスピードです。打たれると素面であれば昏倒するほどの威力もあります。しかもその竹刀のもののうち付近で打たなければ一本と認められません。戦いの間合いはやはりこの一足一刀といわれる剣道の間合いに原点があろうか、と思います。

しかし、多くの古武術家や居合、試斬をもっぱらにする剣術家が、現代剣道には押しなべて否定的な見解を持っているようです。あの動きでは刀は使えない、斬れない、云々。

私は秋吉影流を自習するうちに、かつて盛んに稽古した剣道の動きがよみがえってくるのを感じました。いまではよく、竹刀剣道の打ち込みのように試斬をして見せることも多いです。ちょっと工夫すれば普通の剣道家でも真剣で違和感なく剣道の業を使うことができます。

幕末の動乱期、斬り合いをしていた侍たちのほとんどは、竹刀稽古をしていたわけですから、竹刀を振るのと刀を振るのが同じようだったはずなのです。

現代剣道の振りで竹を斬る試斬。このような押し込むような当てでは物は斬れないという論もありますが、工夫次第で鋭く斬れます。

昔、中山博道という高名な剣客が、土佐居合を修練し、居合道を日本剣道に加えて、「居合と剣道は車の両輪のごときもの」という言葉を残しています。

私はしかし、剣道に居合は必要ないのではないか、と考えています。もっぱら大きく肩を回して刀を使う現代主流の土佐居合系の技と、主に体の移動と腕、手の内の精妙な技法で刀に見立てた竹刀を扱う近代剣術の系譜をひく現代剣道には共通点があまりに少なく、役するのはせいぜい抜刀納刀に習熟するくらいではないか、と考えています。

下げ緒をきちんとつけた刀を差して、剣道形を行ったら、居合は必要ないのではないでしょうか。命のやり取りをしていた時代ならば、様々な武術に習熟することは必要なことで、抜き打ちに神速を宿らす居合術も必要だったでしょうが。

それは現代居合道の価値を軽んずるものではもちろんありません。居合道の体の捌き、柔らかい手の内は案外気楽に学べる武道なのに非常に奥深く、多くの人々にお勧めの本物の日本武道であることは論を俟ちません。

加えて私は、剣道家も居合道家も、ぜひ真剣を使って試し斬りをすべきだと考えています。ただし、斬らんがための技でなく、自分が普段修練している業（技、動き）で真剣をつかい細い竹かマキワラを、刃筋を確認するために斬るのです。

すると力、速度が自然に得られる身体操法が身についてくると思います。刃筋を立てて打ち込

刃筋が整えば、日本刀は必ず両断してくれます。しかし、その〝刃筋〟が、決して簡単ではありません。刀の〝運動方向〟と〝刃の向き〟がわずかでもずれる瞬間があれば、それだけで刃筋は乱れてしまうのですから。

むことが竹刀打ちの冴えを生みますし、居合技に本物の氣を宿らせます。

試し斬りは、当然危険を伴いますが、刀を振る方に人を置かない、斬るほうに足を踏み出さない（右袈裟斬りであれば左足を引いて右足が前）など、注意すればあんがい安全なものです。

私の鍛錬場を訪ねてくだされぱいつでも試し斬りを体験できます。

ついでに居合道の話をします。かなり軽い刀でもっぱら形稽古をする居合道家を揶揄する人を見かけることがあります。真剣と言っても、定寸（刃長70センチ前後）で拵えを付けても1キロ以下の重量ではかなり薄く、その上さらに深い樋をかいて軽量化を図らなくてはなりません。この刀身では、強度を考えると、ばっさばっさと巻き藁や竹を斬ることはかなり困難でしょう。時には女性や高齢の修業者のために、拵え込み800グラム以下の刀を打つこともあります。

試し斬りをもっぱらにする流派の人からは「空気ばかり斬ってなにが面白いんだ。」刀鍛冶の先輩からは「ネズミのしっぽみたいな刀だな。」などと言われたこともありました。

ではその軽い刀で斬られて無事でいられるでしょうか？　何も一刀両断にしなくとも皮膚を裂き、腱を断ち、喉を突くことは必殺技となりえるでしょう。

居合で鍛錬することには武の本質に迫る道が確かにある、と私は思います。

八　現代日本人は日本刀に活路を見出せる⁉　日本刀の今日的意味

現実社会での斬り合いはたしかになくなりました。しかし現代人も戦いの場から逃れられたわけではありませんね。精神も心も身体も逃げ出したくなるほどの厳しい現実に立ち向かっている方や、閉塞感にさいなまされている人も大勢いらっしゃると思います。

合気道や居合道などでは、多くの、社会的には弱者と言える人々の心身をも鍛えています。武道鍛錬は方向を間違えなければ、心と体も本当の意味で解放してくれると思います。

しかし、時間がない、あるいは嗜好の違う方もいらっしゃるでしょう。こういう方は是非日本刀、できれば研ぎ減りのない現代刀を求めていただき、頻繁に抜いてその美に耽溺し、居住まいを正して手入れをすることで武の一端に加わり、生きる滋養としていただきたいのです。

侍にも武芸下手は少なくなかったことは知られていると思います。しかし大小の刀を常時帯びることで、己が武士である矜持と自覚を猛烈に持っていたのです。それはまた不忠不義、天に恥じる行為をしたならばおのが腹を自らさばかなければならない覚悟に相違ありません。

刀を手に持って、その重量感、手持ちのバランス、鋭利さに心震わせ、うつくしい沸《にえ》匂いに目をやることが、実は身体に宿る全く違う感覚を開いてゆくことにつながると、私は確信しています。それこそが日本刀の現代的価値で、武道を補完し人生を輝かせるものではないか、と。

つまり日本刀は、武という文字に込められた人間の宿業を、解き放ち昇華させる日本武道の具

現代における日本刀の存在価値。それは、実際に手にしてみれば、誰でも感じ取る事ができます。

現である、ということにほかなりません。

私たちが普段、洋服を着て、車を使い、21世紀の生活を普通に享受していることはごく自然で当然のことです。しかし刀剣の世界には様々な掟が存在し、刀鍛冶も武士の時代に存在しなかった姿、刃文、地鉄など作ろうものなら「こいつは刀を知らない」と一気に評価を下げてしまいます。

私はそのことを若い頃から日本美術刀剣保存協会の先生方に学びました。なかでも、たたら課長だった鈴木卓夫先生の指導で南北朝期に活躍した名工備前長船長義《びぜんおさふねちょうぎ》の作品の再現に取り組むようになってからは、諸先生方に批評してもらいながらよくよく研究して、新作名刀展では数々の特賞を獲得、無鑑査になりおおせました。

広く美の創造に携わる者は、えてして独りよがりになりがちです。まして日本刀は、過去数多の独りよがり的な独自の刀剣理論を展開する刀鍛冶の存在を許してきました。しかし現代では、膨大な古典の名作を擁しその研究が自由に進められることで刀剣美の理解は一層深まっています。そして幸いに新作刀を審査評価する展覧会があり、刀鍛冶が独善で素人を煙に巻く事は難しいのです。

２０１４年、無鑑査になって、ようやく審査評価をさほど気にせず製作し発表できるようになりました。そこで自分が面白いと思うものを作っています。「そんな刀はおかしくないですか？」などと歳若の学芸員に批判されますが…目標は彼らの見ているところとは別のところにあります

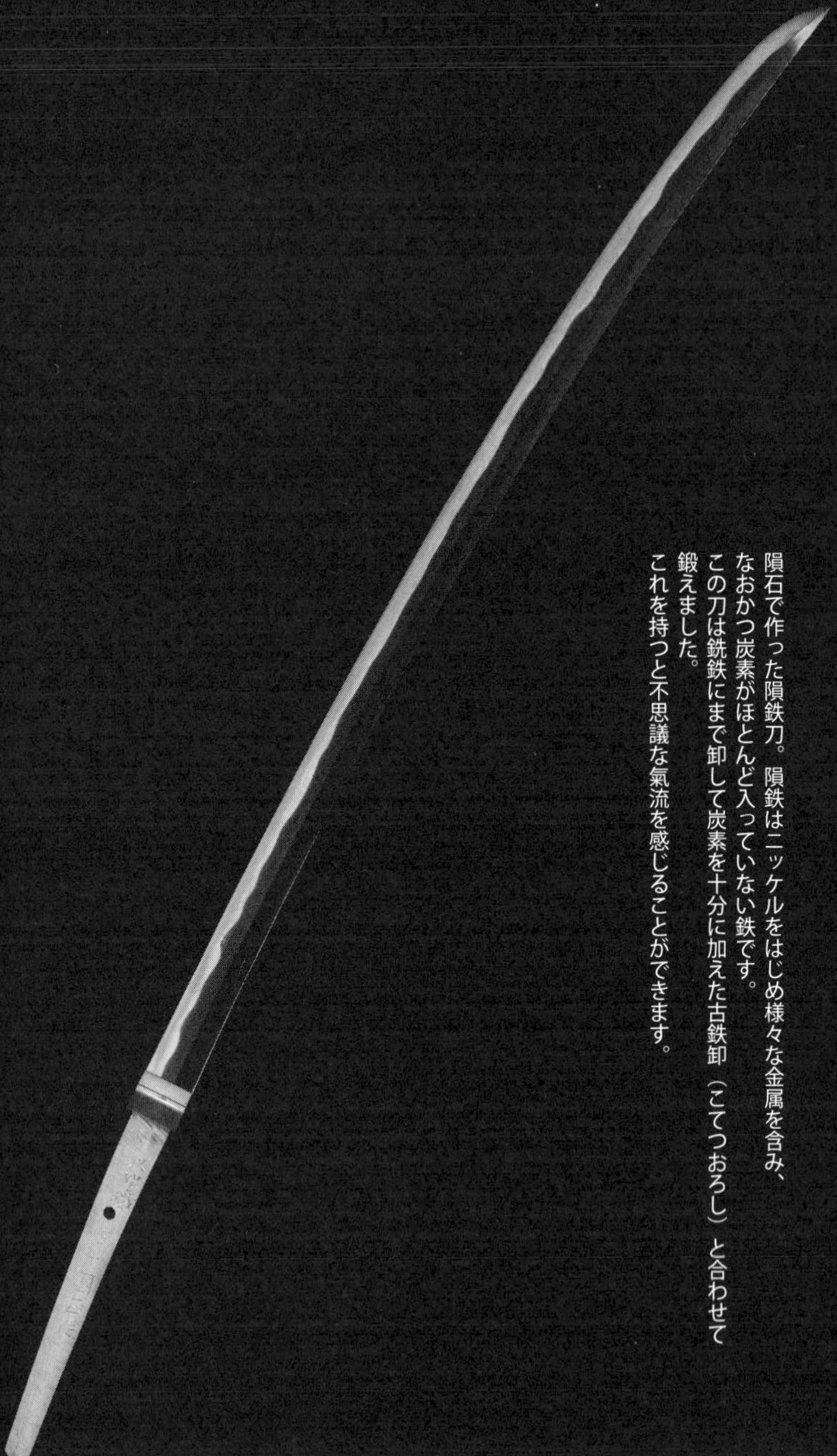

隕石で作った隕鉄刀。隕鉄はニッケルをはじめ様々な金属を含み、
なおかつ炭素がほとんど入っていない鉄です。
この刀は銑鉄にまで卸して炭素を十分に加えた古鉄卸（こてつおろし）と合わせて
鍛えました。
これを持つと不思議な氣流を感じることができます。

から、あまり気にしていません。もちろん武器である日本刀としてのしっかりとした基本は押さえているつもりです。新しい作風を受け入れてもらえるには相当な覚悟と完成度、時間が必要なのでしょう。しかし私が面白いと思う刃文には、多くの方々が支持してくれていますので、とうぶん楽しめそうです。批評も、歴史的に作られているかいないかで批判するのでなく、美的創造の視点でのそれを聞きたいものです。

《第2章》

戦う日本刀

前章で、刀鍛冶としての葛藤の一端を述べさせていただきましたが、とにもかくにも私は日本刀を、巷間言われている美術工芸品の一分野とすることには全く賛成できません。

日本刀は武器であり、戦いのツールで、それ以外のものではない、と確信しております。それは真善美を備えた武人が携えるべき道具としてこれからもあるべきだし、そのようにありたい人のために作られ続けてゆくべきものです。それはここまで述べてきた通り、美の観点からだけではとうてい収まり切れない、日本刀のポテンシャルそのものの価値なんだろうと思います。

そもそも現代日本は高度に発達し成熟した文明社会で、一見平和と幸福に満ちているように見えます。しかしひとたびその深層に分け入れば、修羅に満ち、現実の流血は昔日に比べるべくもなく減っているけれど、その争いに多くの善良な人々が傷つき病み、時には命さえも落としていることは実態として確かにあります。そしてこの小さな島国に存在する100もの火山に象徴される、大自然の脅威。私たちが、本当に平和と幸福な人生を全うするには、様々な意味合いはあってもやはり戦いは避けられず、勝ち抜かなくてはならないのではないでしょうか。であるなら、日本刀の使命は人類の続く限り終わらないのではないか、と思っているのです。

ここでは私が考える「戦う日本刀」とは何か、「日本刀で戦う」とはどういうことか、真の武人とは?というようなことを述べてゆきます。前章と重複したり矛盾に見えたりするかもしれませんが、日本刀に関する情報はまあ豊富ですから、参考になる考え方を多少なりとも提供できるのではないかと思います。

一　武技

現在でも世の中には数多の名人、達人が存在するようです。たまに雑誌「秘伝」など読みますと、やはり武道武術においては私なぞの出る幕はないと思えます。私の知らない武術技が少なくないことに驚かされますが、一方、日本武道の層の厚さが頼もしくも感じますね。ただ、武道界にも日本刀に関する多少の誤解、曲解も散見します。しかし現実の斬り合いなんぞ存在しないのですから、どんな荒唐無稽な作話でも、目くじら立てることもない。ですからまあ、ここでは私の考え方の話です。

私自身は時間の大部分を作刀に費やし、武術家としては趣味に毛の生えた程度のキャリアしかありません。それに砂泊諴秀、青木宏之両師の入神の業、秋吉博光師の超絶剣技、本部流御殿手（うどぅんてぃ、本部流空手）賀数昇師範やインディアンレスラーラキシマミヤン、チェコの巨漢合気道家（名前忘れた）など信じがたい業とパワーの超人たちと出会い直接教えも受け、交わってきていますから、自分の非才も実力もよくよく承知しております。

ですから武を語るのは身の程知らずと自分でも思いますし、ちょっと恥ずかしいのです。

片手斬り上げ　刃筋が乱れやすい操法ではあります。

とはいえ凡百の一人ではありましたが少年時代から剣道、居合道を稽古し、たまたまとはいえ心影流をかじった剣術家の端くれで刀鍛冶の私ですから、私の持っている日本刀を取って戦う（斬り合う）イメージは、同じく想像の域を出ないとはいえ、かなりリアルなものではないか、と密かに自負しております。

これは自分なりの長い修練の果てにようやく心身と剣技の統一を感じられ（刀と心が一体になった感覚）刀が少し使えるような気になったからでもあります。

もし今、私が刀を取って戦わなくてはならないとすれば、場所、相手によって携えてゆく刀は違ってくるでしょうが、自分の体力を考えるとあまり長寸のものは避けます。刃長マックス70センチでしょうか。

一対一の決闘ならば、やはり竹刀のように迅速に刀を振りたいので、反りの浅い、先の細った寛文新刀スタイルが使いやすいだろうと思います。やや遠い間合いから一足、二足で距離をつめ小さく早く小手を中心に斬り込み、また入り身体転を多用し敵を翻弄できるでしょう。私の、氣を陰陽に転換させながら操る剣技は、斬り合いになればなかなか強そうだ、と思っています。

屋内で剣を交えるならば、居合抜刀業を使えるように反りも欲しいので、バランスの良い、63〜67センチ、反り1.8センチくらいのものを携えてゆくでしょう。末備前みたいな姿が良いと思います。（末備前は戦国時代末期、岡山県東部長船町あたりで生産された刀のこと）

多人数入り乱れての斬り合いならば、70センチ、厚重ねの豪刀と長めの脇差を用意しますかね。もちろん斬り合い…などほぼあり得ないのですから、自分の剣技が実戦で通用するか否かを知る機会も、未来永劫訪れないでしょうし、知りたくもないのです。「真剣をとったらオレは強い」と思っていますが、この自信は、まったく自己満足にすぎません。

私はしかし、この通り間違いなく武術家にして刀匠であり、日本刀は日常そのものです。私なりに考えている実戦的な日本刀の刀身とはどんなものか、現代日本刀がいかにあるべきなのかということ、つまり私にとって現代日本においての日本刀の存在意義を考えることは、自分自身のアイデンティティ、(この世で生きる場所?)を確立するために避けては通れない大事なことなので、ネットなどに横行する机上の空論ではないのです。

二　戦闘様式と剣術の発達

一刀流を母体とした現代剣道の動きや、私も修める直心影流などは、鎧甲冑を着用しての剣術とは大きく異なるものです。

当然使用する刀、太刀もかなりの差異があります。

幕末の動乱期、頻発した小競り合いは、主に江戸で発達した近代剣法が各地に伝わる介者剣法

直心影流の斬撃。古流剣術の多くは戦国期に端を発すため鎧甲冑着用を前提としたものが少なくありませんが。長らく合戦のなかった江戸期を経て、このようにコンパクトでスピーディな斬撃の剣術が発達しました。

（甲冑武術）を圧倒したと伝えられています。激しく打ち合う竹刀剣道はスピード、間合いの攻防、何より実戦の気迫を錬成するのに優れていたのでしょう。鎧甲冑に身を包むことを前提にした、木太刀を用いた形稽古主体だった伝統流派は、江戸期の太平の中で形骸化していたのかもしれません。例外は示現流など激しい打ち込み稽古を伴った流派であったようです。

見るも恐ろしい白刃をもって対峙したとき、己を捨てきるまで肉体を追い込む稽古の有無は圧倒的な強さの違いとなって現れたことでしょう。

日本刀の姿の変遷は、そのまま、武士達の戦うスタイルの変遷です。

源平の戦乱当時は騎馬による一騎打ちが主流でしたが、主な武器は弓で太刀は補助的なものであったようです。（騎馬武者は江戸時代でも反りのある太刀を佩いていました。佩く＝はく、と読みます。太刀ははじめから帯にぶら下げてあり、外出時帯を腰に巻くことで佩くのですが、ちょうどガンベルトを想像していただければよいでしょう。）

当時、馬上での太刀打ちによる戦いは稀だったのかもしれませんが、その時に備えて、片手で扱えるバランスで（たぶん左手は手綱を握っていたのではないかと想像しています…私は馬のことは何もわかりませんが）甲冑に打ち付けても刃こぼれしにくい刃肉のついた、厚重ねに作られていました。当然結構な重量です。現存しているものに製作された当時そのままの姿を保ってい

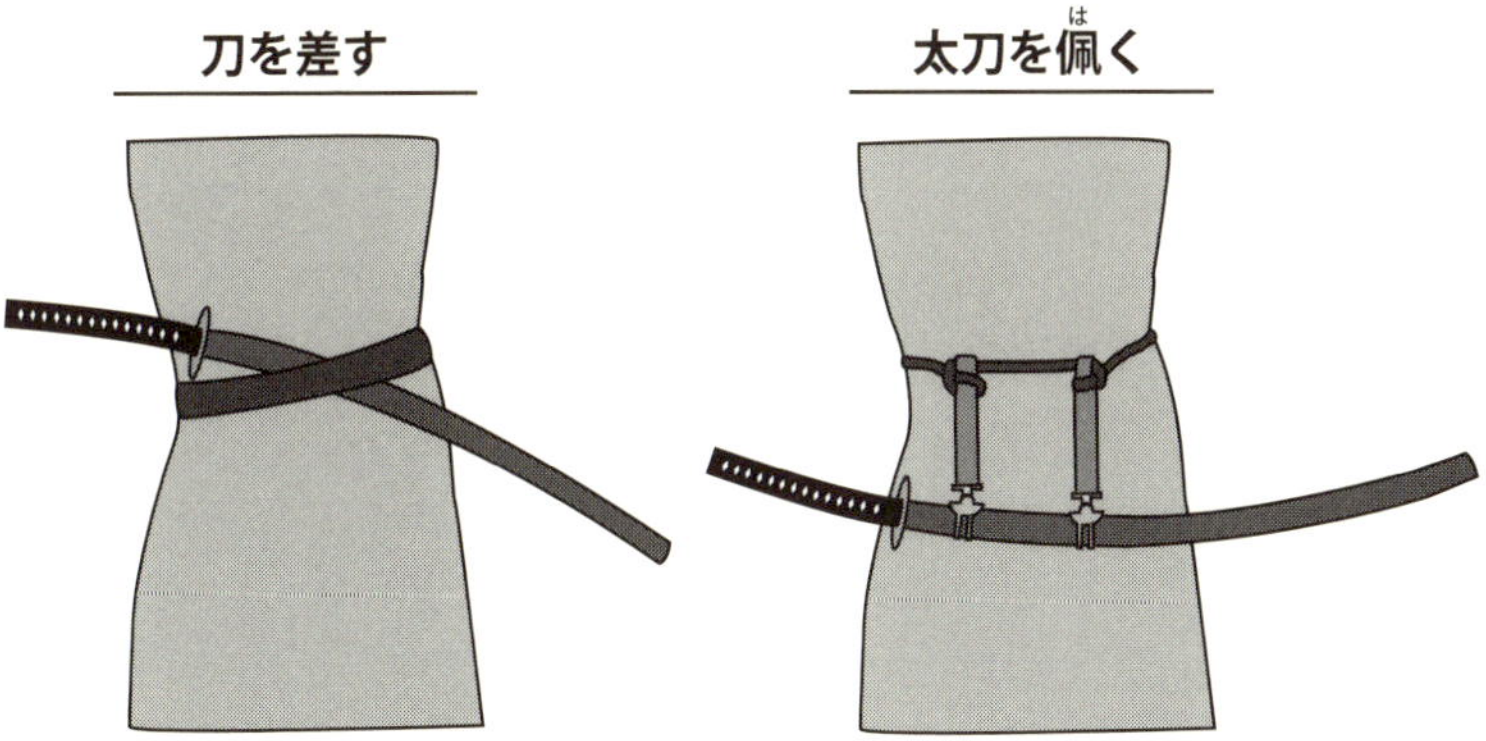

平安期から室町期にかけて主流をなしていたのが「太刀」で、室町後期くらいから登場したのが「刀」。「太刀」は主に馬上戦闘を旨とし、長く反りの大きいものが多い。一方「刀」は地上戦に重きがおかれるようになったもので、反りが小さく短めのものが多い。両者は携帯のし方に大きな違いがあり、太刀は刃が下を向くようにぶら下げ（佩く）、刀は刃が上を向くように帯に差す。

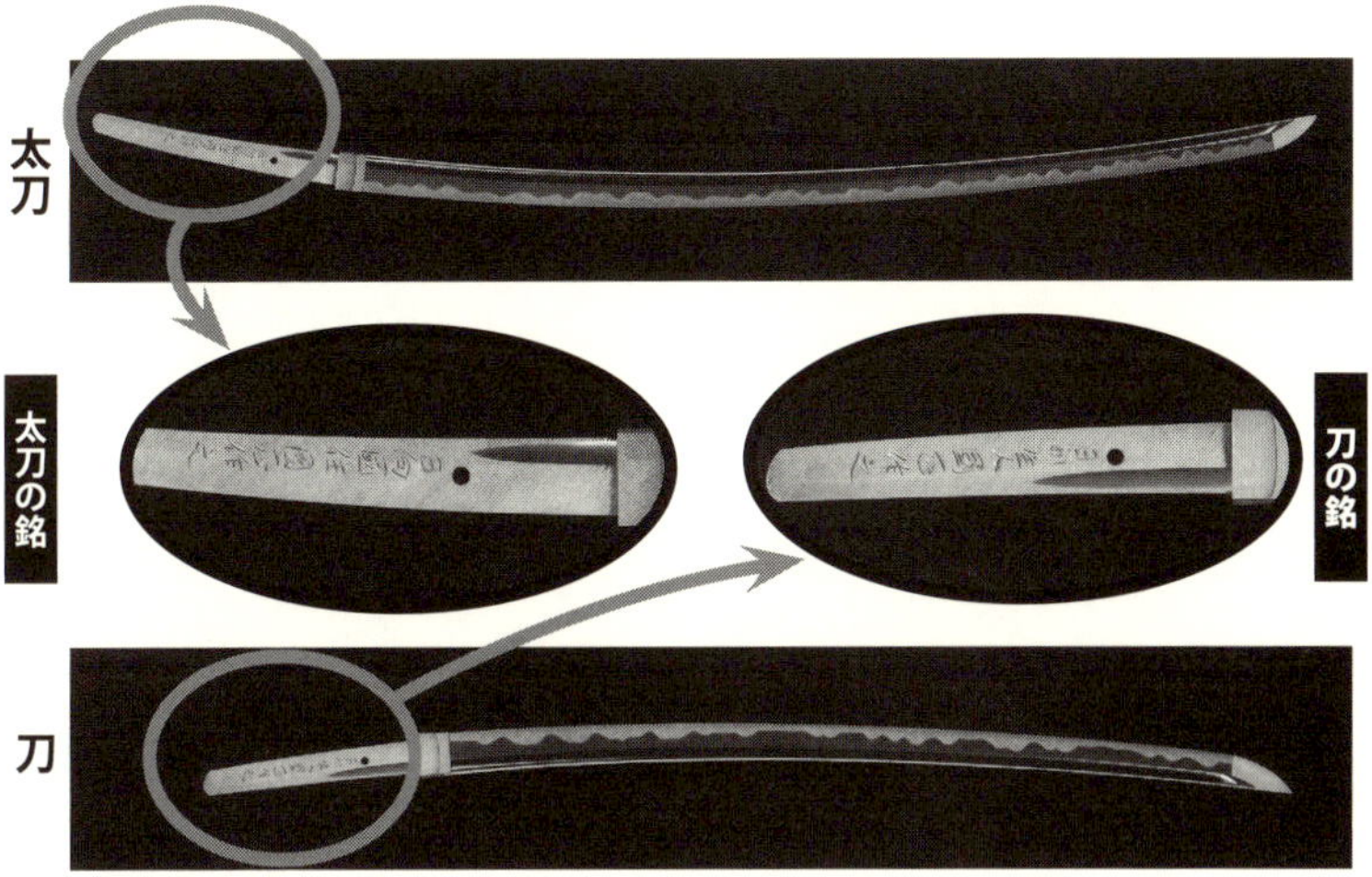

銘は通常、装備（佩く・差す）した時に体の外側にくる側の面に入れられる。よって、どちらの面に銘が入れられているかで、太刀か刀かを区別する事ができる。

る健全なものがあり、それを手に取ると意外なほど重く感じます。（国宝や重要文化財に指定されているものがほとんどですから、なかなかそんな機会はないですが。）

私が範をとっている、南北朝の動乱期に製作された大太刀（刃長三尺〜五尺）は、神社に奉納されたもの以外は下部を切られ、短く摺りあげられているものが大半で、往時のオリジナルを手に取ることは非常に稀です。私はありがたいことに何度か機会に恵まれ、手に取って見せていただいたことがありますが、その重量には本当に驚かされます。

鎌倉時代から南北朝の動乱期には、劇的な戦闘様式の変化（＝刀姿の変化）が見られます。それには元寇という未曽有の外圧が原因であったことは知られています。どんな剛の者でも多勢には勝てないことを、シビアな外国との戦いで学ばされたのでしょう。その後国内の合戦でも、元をまねた集団戦闘が多発したことは想像に難くありません。

その、多人数が入り乱れて戦う白兵戦では、長大な大太刀は威力を発揮したことでしょう。往時、甲冑を身にまとった上に重量数キロにも及ぶ三尺、四尺の大太刀を振るう豪傑が結構な数存在したのは間違いありません。いにしえの日本人は凄かった！とはいえ現代人でもプロスポーツの選手とか、常人をはるかに超えた能力を持っている人々も一定割合いるんですから、それは驚くほどのことでもないのでしょうね。

応仁の乱前後、槍が発明されて状況は一変、大太刀は一気に影を潜めました。大太刀より長くはるかに軽い槍ならば、体力のない雑兵でも簡単に扱えます。槍ぶすまをつくった集団に突き掛けられたら、いかなる剛のものも打ち取られてしまったことでしょう。槍持ちの邪魔にならないように簡単に、帯に差す鎬作りの太刀がのちに「打ち刀」（＝うちがたな）と呼ばれるようになり、そのうち単に刀と呼ばれるようになったようです。帯に差しやすいように反りは抑えめ、短めになりました。鉄砲が伝来するとますます短く、とうとう二尺前後（60センチ前後）のものも多く作られています。

むろん騎馬武者、武将の求めに応じて太刀は作られ続けています。この時代、武将が前線で太刀を振るうことは稀だったことが割と華奢な太刀姿から想像できますね。

例外的に上杉謙信の遺愛の蔵刀はいずれもまさに豪刀、長寸の名刀が多くさすがは武神と畏怖された武将だ！と迫力ある人間像がダイレクトに伝わってきます。（上杉三十五腰として知られているのは謙信に伝えられた養子景勝の蔵刀です。）

慶長新刀には戦乱の記憶が生々しく切っ先の延びた武張った姿の中にも伸びやかな平和への解放感が感じられるような気がします。この時代はまだまだ戦場で甲冑着用の合戦を想定した刀姿であるようです。

江戸期、太平の時代は刀も細く短く軽く、形よく作られることが多くなりました。たまに豪壮なものもありますが、名だたる剣客の注文打ちだったようです。竹刀稽古が一般的になると、反

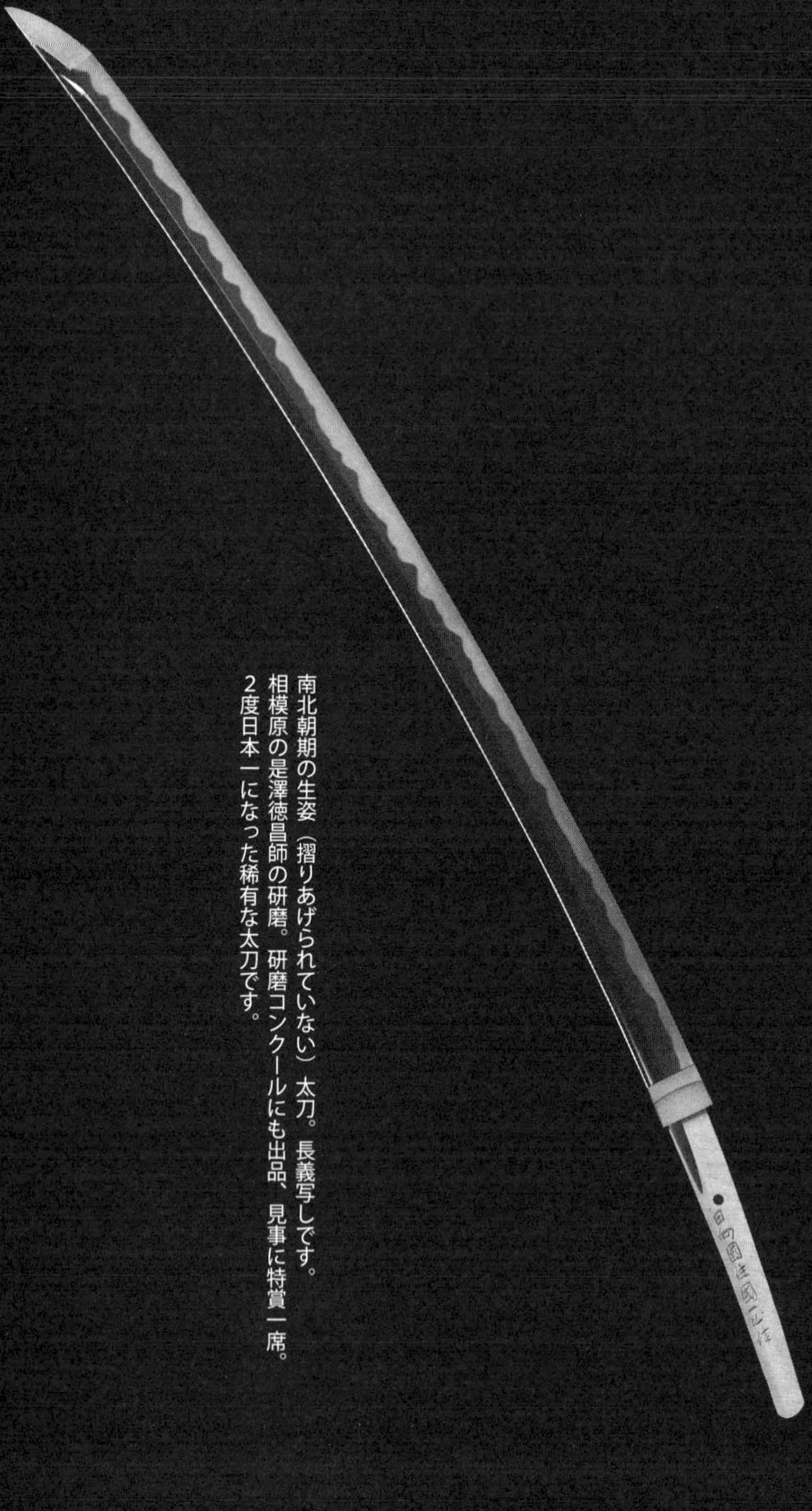

南北朝期の生姿（摺りあげられていない）太刀。長義写しです。
相模原の是澤徳昌師の研磨。研磨コンクールにも出品、見事に特賞一席。
2度日本一になった稀有な太刀です。

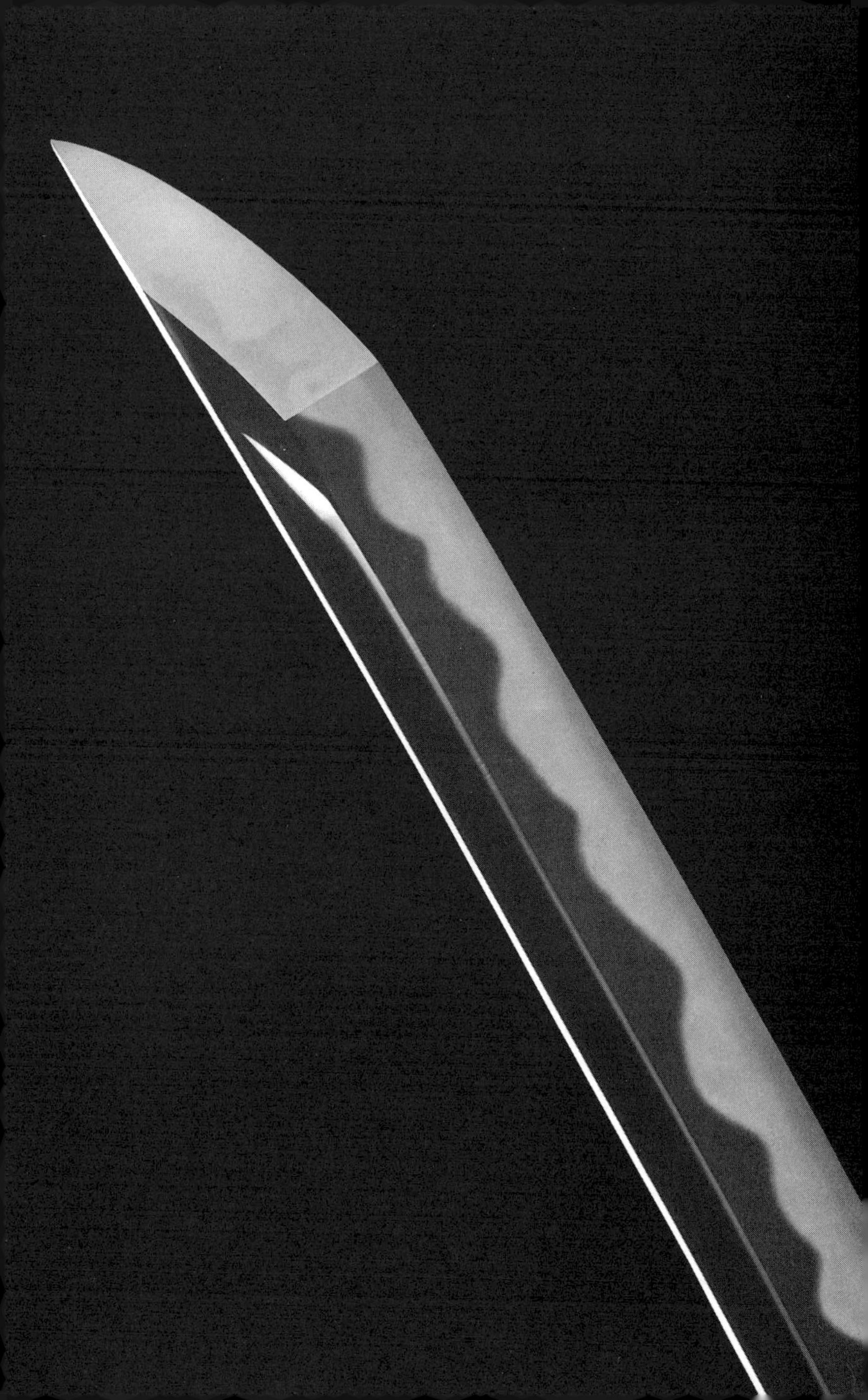

りが浅くバランスが竹刀の操作に近い姿の刀が全国的に作られるようになり、「寛文新刀」と呼ばれる独特の形状（姿）で知られています。

幕末、日に日に強まる外圧を受けて、侍たちの尚武の気運は否応なく高まり実戦（合戦）を意識した刀が数多く作られています。しかし私が見るにこのころの侍たちは、現代人とあまり変わらない机上の空想に終始していたように感じる刀も少なくありません。

砲弾銃弾飛び交う戦場に携帯すべきは、戦国末期様の短い片手打ちなのかな、と思います。

西南の役、日清日露の戦いまでは白兵戦に日本刀の出番もあったみたいですが、ノモンハン事変など近代戦ではかたなしだったのではないでしょうか。自動小銃の発達は接近戦での白刃の優位性を消し去ったのではないかと想像しています。226事件などを受けて、日本刀様の軍刀となり、その後の日中戦争、太平洋戦争を通じて数十万振りの軍刀が生産されたようですが、あたら若い将兵が無謀きわまる突撃戦法に散っていったことを思うと、いかにも時代錯誤で残念な思いがいたします。

戦場での日本刀の役割は、1543年鉄砲伝来とともにほとんど終わったものと思います。

400年たってもなお懐古主義では近代戦に勝てるはずもありませんね。旧日本軍は「居つく」ことを最も戒める日本武道の精神を忘れ去ったものだと思います。（居つく＝いつくとは一つの考えにとらわれることです。）

三　現代において日本刀で戦うとは（抜かずに勝つ）

　このように日本刀の存在意味を限定的に斬り合いを勝ち抜く武器であるとし、斬れない刀など価値ないと斬れ味鋭い武器日本刀を追求しようとしたとします。しかしどう考えても、この平和な現代日本で、しかも世界には大量破壊兵器はさておくとしても凄まじい威力の小型火器が氾濫する中で、日本刀の戦い（つまりチャンバラ）を想定するなど、武道キチガイの妄想以外のなにものでもありません。

　これはまあ、やや好戦的な発言が目につく武道家にも言えるのでしょうね。現代武道を考えることは日本刀、とくに現代刀を考えることと直結しているのではないか、とも考えてもいます。そう、巷には武術を修練し肉体を鍛え上げ、腕力に過大な自信を得ていっぱしの武人を気取っている輩も少なくないですが、肉体の練磨は極めて個人的なことでそのこと自体には自己満足以外に意味があるとは思えません。（もちろんプロの興行者、職業武道家は別です）

　まずなによりもきちんとした社会の一員として生きてゆくこと、つまりまともな社会人であることが、現代のサムライ＝武人としては最も大切なことです。であるならば、周囲を武威をもって睥睨するかのような態度は絶対避けねばなりません。

なによりもよき社会人であれ。これは砂泊誠秀先生没後、万生館から飛び出した私と道場生を「公益財団法人合気会」への受け入れに尽力していただいた、合気会宮崎支部長野中日文師範の第一の教えでもあります。私は長く万生館に所属していたので、師と知り合ったのちも合気道を教わることはあまりなかったのですが、お宅にお邪魔しては囲炉裏を挟んで、お茶をいただいたり、餅を焼いてもらったりしながら何時間も何時間も開祖植芝翁のお話、様々な先輩武道家の事、朱子学をはじめとする東洋思想、観相学、健康法など師の深い学識と論理的な思考力に感服し幾度となく訪問し時間を忘れる至福の時間を過ごしておりました。

刀の話も随分と聞いていただきました。あの日々がいかに尊いものであったか、思い返すと懐かしさとありがたさで胸が詰まります。ご体調の回復がなることを現在も深く祈念しています。

話が逸れました。

「争いにおける強さの追究」はさておき、現実社会からはみ出さない常識をもって、日本刀や武術がもたらす心の成長を享受してゆくことができれば、人生をより豊かで確かなものにしてゆくに大きな助けになることは間違いありません。とりもなおさずそれは、現代日本においては日本刀をもって戦うこと、実戦でそれを知る機会はまずもって訪れない、ということをよく承知しておくことともも言えるでしょう。

このことは日本刀が（現代刀匠が）、本来の戦いの道具、武器としての性能を追求してゆくこ現代における日本刀の真価は、〝斬る事〟以外にも存在します。

とが無意味である、ということを意味しています。

（武術で鍛えた業もおおよそ実戦で使用してはいけない、ということも同じ事柄と言えます。）

私は、ケンカはテンで弱く運動も得意とは言えず、中高大とクラブ活動で属していた剣道でも試合ではほとんど負けてばかりでした。負けん気だけは人一倍強かったのでいつもプライドは傷ついていました。身体能力よりも、気が小さくあがり易いくせにカッとしやすい未熟な心に問題があったのでしょう。

合気道に出会って、競わない、争わない。争わないから結果天下に無敵となり、絶対に敗れない境地に至る！この道を知った時、まさに私の心の闇夜が明け、人類の進むべき道、刀鍛冶である自分自身を生かす生き方が忽然と眼前に開けたのです。

この争わない心に真の強さが宿る術理念は合気道にもっとも強く現れていると思いますが、日本武道のいずれにも濃淡はあれ残っていると思います。

そしてそれこそが武人の道であり、ここに現代日本刀を作り続ける意味も凝縮されていると思うのです。

スポーツ化したといわれる剣道も基本理念は剣術同様、剣を取っての争いを、竹刀、防具を使い安全にしかし全力の技をもって戦う形に変容させ、心身を鍛えているわけですから、取り組み方によってはいにしえの剣術と遜色ない革新的人間教育の手段となりえるでしょう。そこに、日

「抜かない事こそが極意」という言葉も、古よりの武術には伝えられています。その真意は、今こそ見つめ直さなければならないのかもしれません。

合気道の根幹をなす理合は、ぶつからない、争わない事。ここにこそ、現代に活きる武の真価があります。

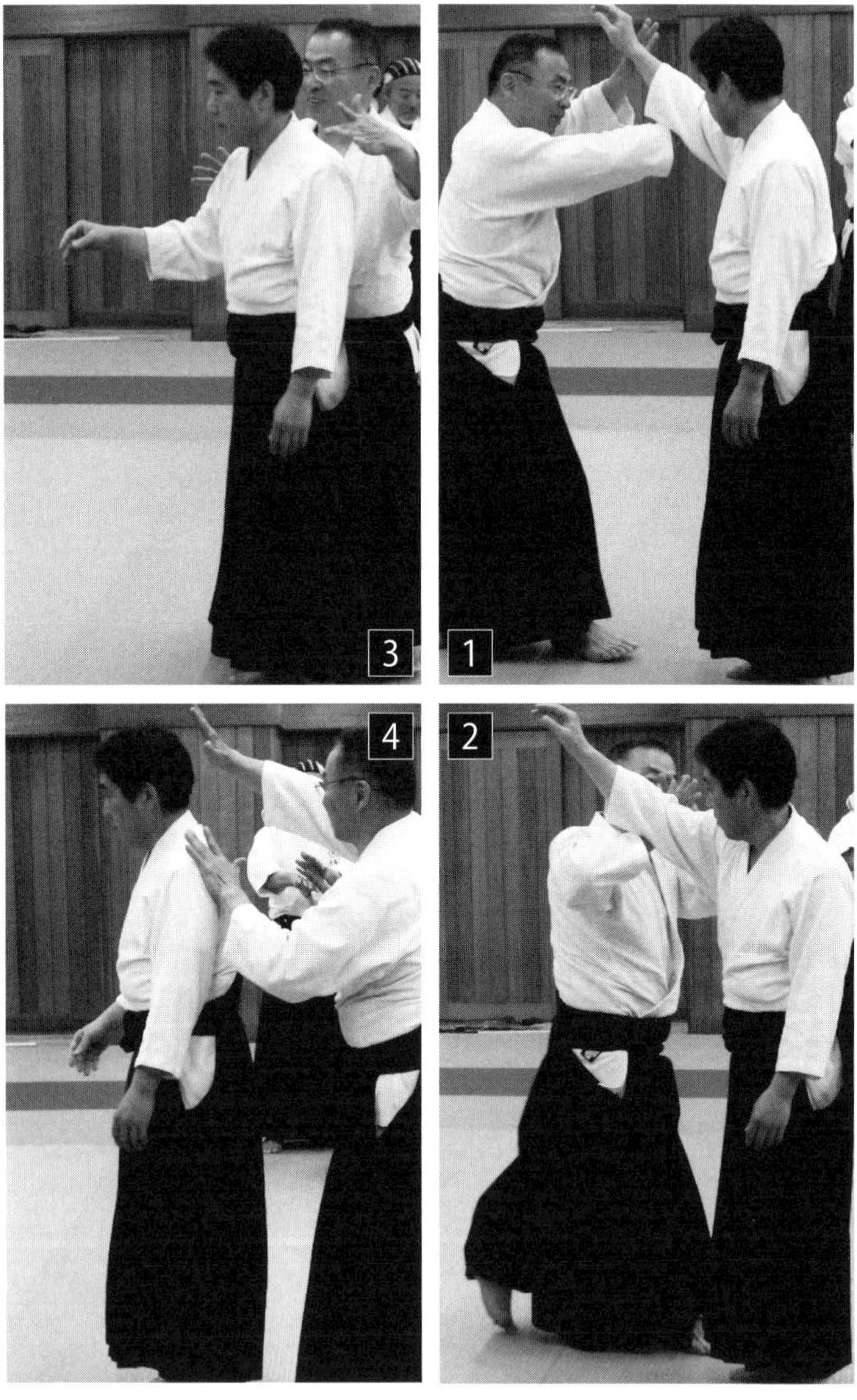

本刀の導く動きが加味されたら、どれほど素晴らしいものになるか、とよく考えます。

暴徒や犯罪者と対峙する警察官や自衛官以外、いくら腕に覚えがあったとしても現実的な意味はありません。まして真剣ではどうだ、こうだということに意味があるとは全く思えないでしょう。しかし、技の一つ一つが日本刀の導く繊細な動きによってさらに輝きが増し、思ってもみない高みに引き上げてくれるということは、確信をもって言えるのです。

居合抜刀術各派、また各種古武道も現代武道も一長一短あるとしても、それぞれに理論理念をもって体系化され、どれもみな素晴らしい、日本に残された武の精神文化遺産（革新的人間教育の手段）と言えると思います。少なくない術理が、あの激動の19世紀、20世紀を生き延びて今日まで伝わっていることも、この国にどのような人々が生きてきたのかを知る手掛かりとなるかもしれませんね。

ついでに一言、江戸期を深く研究し有職故実さながらに、武道研究されている人の中には、あれこれ伝統を言いつのって他流他派を誹謗される方もいるようです。侍が消滅しておよそ150年、21世紀の今日ですから多少当時の常識と異なっているからと言っても、目くじらを立てる必要もないのではないかと私は思います。今日の我々が、たとえば登城したり騎馬で移動したり、帯刀のまま旅をしたり…は考えられませんからね。

現代でもほんのいくらか、たとえば歌舞伎など江戸の昔から途切れることなく伝承してきた芸能や、工芸、（私たち日本刀職人も入るかもしれませんが）もありますが、武家社会の侍の立ち居振る舞い、装束など当時のままに伝承されているとは到底思えません。

刀の拵えにしても、当時大名など高級侍があつらえた伝世品を掟として、現代の拵えの瑕疵を指摘する研究家もおられるけれど、どうなんだろうと思います。きっちりとした伝統を守ってゆくことは意義のあることですが、侍の殿中差し、普段差し、などなど生活に即した拵えを考証して再現してゆくことに汲々として、膨大な費用をすべての注文者に強いる考え方が斯界の発展につながるとは思えません。

一方、アニメーションや、海外の奇天烈なデザインも受け入れることもなかなかできません。刀は侍、武士のものであってほしい。それは階級制度の下の侍ではなく、義に生きる人、生きたい人を現代のサムライとして、サムライが所持するものであってほしいと願っているからです。つまり、義に生きる武人（そうありたい人）が持って気が凛としておのずと鎮まる装束、拵えであるならば細かい齟齬は問題ではないと思います。

四　心に日本刀を持つ

話がまた逸れました。

では、日本刀を武器として考えることは無意味、やはり用をはなれ美術品、工芸品と考えることが正しい道なのか、というと、それはそうではないと私は考えています。

武器日本刀の存在意義のひとつは、精神と肉体のセルフエディケーションに強力なアイテム（文字通りの道具＝道を具（倶、とも）にするもの。）として使えることなのかもしれません。剣術や体技を学ばずとも、手入れや鑑賞で真剣を実際に手に取り、その重量感やバランスを感じることをまず体験してみてください。体中を鮮烈な氣がめぐるのを感じられるでしょう。これも手にして初めてわかる日本刀の真価ですが、やはり腕のいい刀鍛冶に自分のための刀（戦う道具としての）を注文してあつらえると更に一層はっきりします。

現代における日本刀で戦う現実的意味は、剣術を取っての闘争ではなく、心に（脳に）はっきりとしたイメージで真剣を持てるか否か、にかかっていると私は思います。

古刀新刀新々刀現代刀を問わず、手になじむ刀を身近に置くことをお勧めします。手になじみ使いやすいとはすなわち戦いやすさのことにほかなりません。私の考える「戦う日本刀」とはすなわち柄、鐔刀身が体と一体になる感覚の強いものということになります。

自分の間合いを把握し、敵の居つきや虚に間髪入れず反応する目にはとまらない斬突、業の起こりを抑え受け流す操作性とそれを可能にする、鍛えられた鋼で作られた刀身と握りよい柄…。それは脳が作り出す幻想であっても一向にかまわないと思います。

〝心身と一体となる刀〟を目指す。

（私自身は、鎌倉時代に作られたやや小ぶり、反りの浅めの太刀を理想としています。）

私の作刀は、居合用の刀に限らずこの身体に（脳に）響くバランスを意識しているのです。三尺を超える大太刀でも同様です。

実際に振らなくても、そのようなバランスが良く、氣の対流を作り出す力の強い刀は、手に持つだけで脳内に特別なホルモンが溢れだし、世の困難に打ち勝つ力が湧いてくるもの、それがまた名刀を名刀たらしめるゆえんなのだと思います。これは同時に目から光の反射として入る輝きの力（刃文、地鉄の輝き）によるところも、もちろん大きいでしょう。

この感覚を自分の体に刻み込めれば、あらためてその刀で剣術を修業したり、あまつさえ試し斬りする必要はないのではないか、と考えることもあります。これこそ居合の極意、鞘から抜かずに勝つ、「鞘の内の勝ち」の現代におけるあるべき姿だと。

（日本刀に関心が湧いたなら、繰り返しになりますが、所有しないまでも機会を見つけて手に取ることをお勧めします。刃文を観るにしろ姿、バランスを鑑賞するにしろ手に取ることが絶対に不可欠で、ガラスケース越しの鑑賞ではわかりません。その刀を持つことによって起こる変化こそ、あなたが日本刀を必要としている心の部分なのです。もちろん地鉄《じがね》も刃文も光の取り方で変化するものですから、手に持って微調節をしながら光を拾って様々な角度から心ゆくまで観てほしいと思います。公益財団法人日本美術刀剣保存協会の、支部の活動など、探せばだれでも機会は見つけられます。)

しかし、斬ることに特化した刀で斬りまくっている人々も侮れません。

物を日本刀で斬る、両断する、という行為は刃筋と刀の動きが完全に一致しないと完成しません。日本刀は、間違った動きを受け付けないのです。気剣体の一致、と剣道ではよく言われますが、真剣を取って斬ったことがないと本当の意味は分からないだろうと思います。真剣で、畳表をまいたマキワラ、青竹などでも、斬って斬って斬りまくって鍛えた脳と体はまた、気力に満ち満ちて独特の発達を遂げ、やはりどんな困難にもめげないタフで明朗な人間を作り上げることができると思います。

では重厚かつ華麗な姿に、個性に満ちた刃文を渡し微細で美しくも高価な研磨を施した、いわゆる鑑賞刀はというと、実はこれこそが真実の日本刀、日本武道の最高の具現なのかもしれません。侍の時代には、もちろん鑑賞のためだけの刀など存在しなかったのですが、美しさを希求する心は「抜かずして勝つ」武道の最高境地に通じるものだと思います。

高い向上への意識は美によって導かれるものです。為政者、権力者はおしなべて美術品を愛好してきました。偉大な芸術が人間に与える影響をわかっていたからでしょう。なかでも日本刀の美の導くところは精神の孤高の強さでもあると思います。一人で生まれ、一人で死んでゆくのが定めの人間という存在を、もっとも輝かせるのは意識の成長でしょう。広大無辺の大宇宙へも意

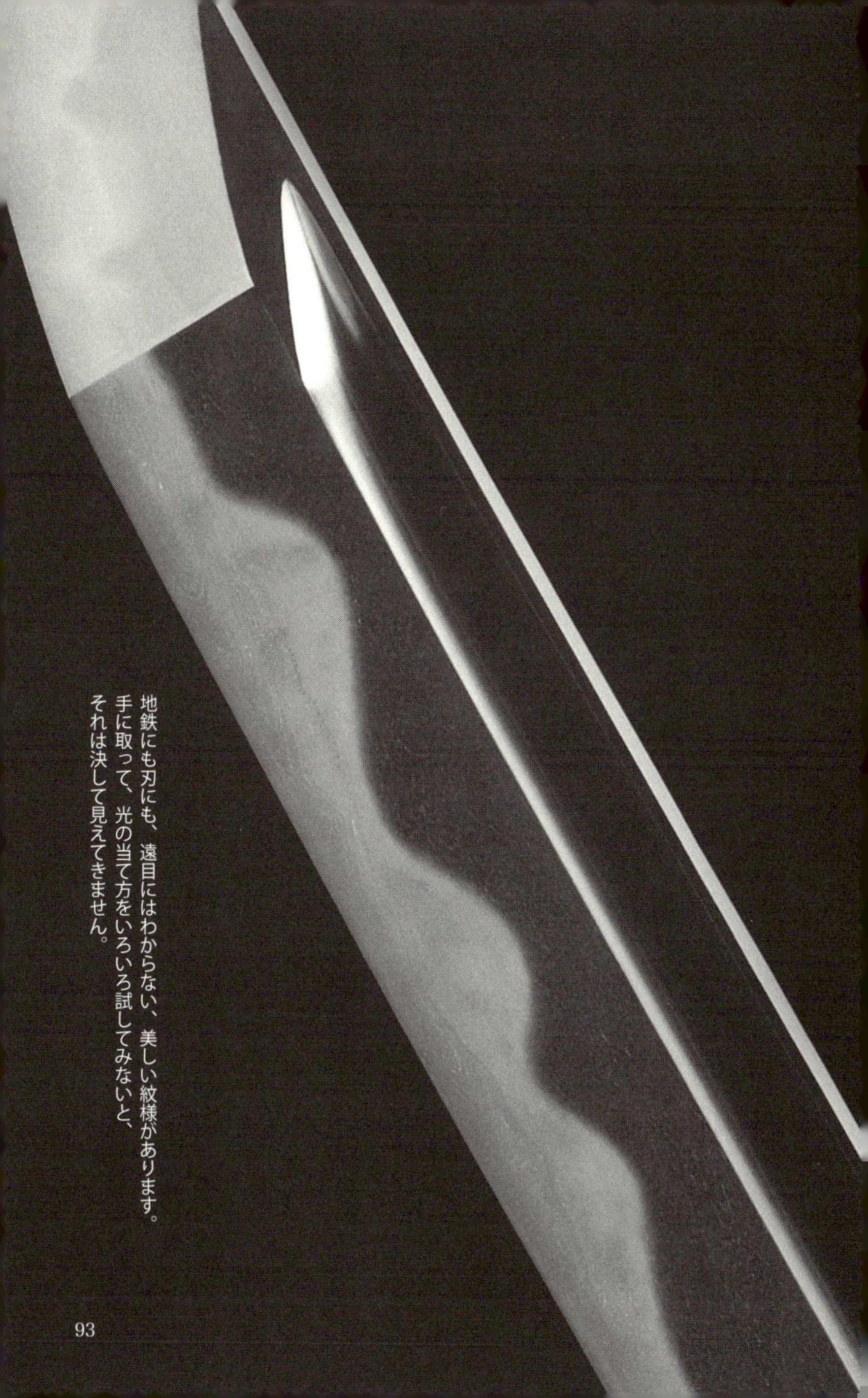

地鉄にも刃にも、遠目にはわからない、美しい紋様があります。
手に取って、光の当て方をいろいろ試してみないと、
それは決して見えてきません。

識を広げる力が日本刀の輝きには秘められていると私は考えています。

警察や自衛隊など実務に闘争を伴う可能性のある人々は除いて、現代人が武道、剣術などを修業する目的は、たとえ本人の思いが斬り合いに強くなりたいと思っていたとしても、心身の鍛錬を通じて心を鍛え不動心を培うことで、その時々の自分が最高に生きられる道を悟って歩むこと

刃筋と刀の動きが完全に一致しないと、決して物は斬れません。やってみなければわからない事であり、この領域で日本刀は実に正直。実際に真剣で〝斬る〟という稽古は、それでしか得られない発達を脳と体にもたらします。

3

4

5

6

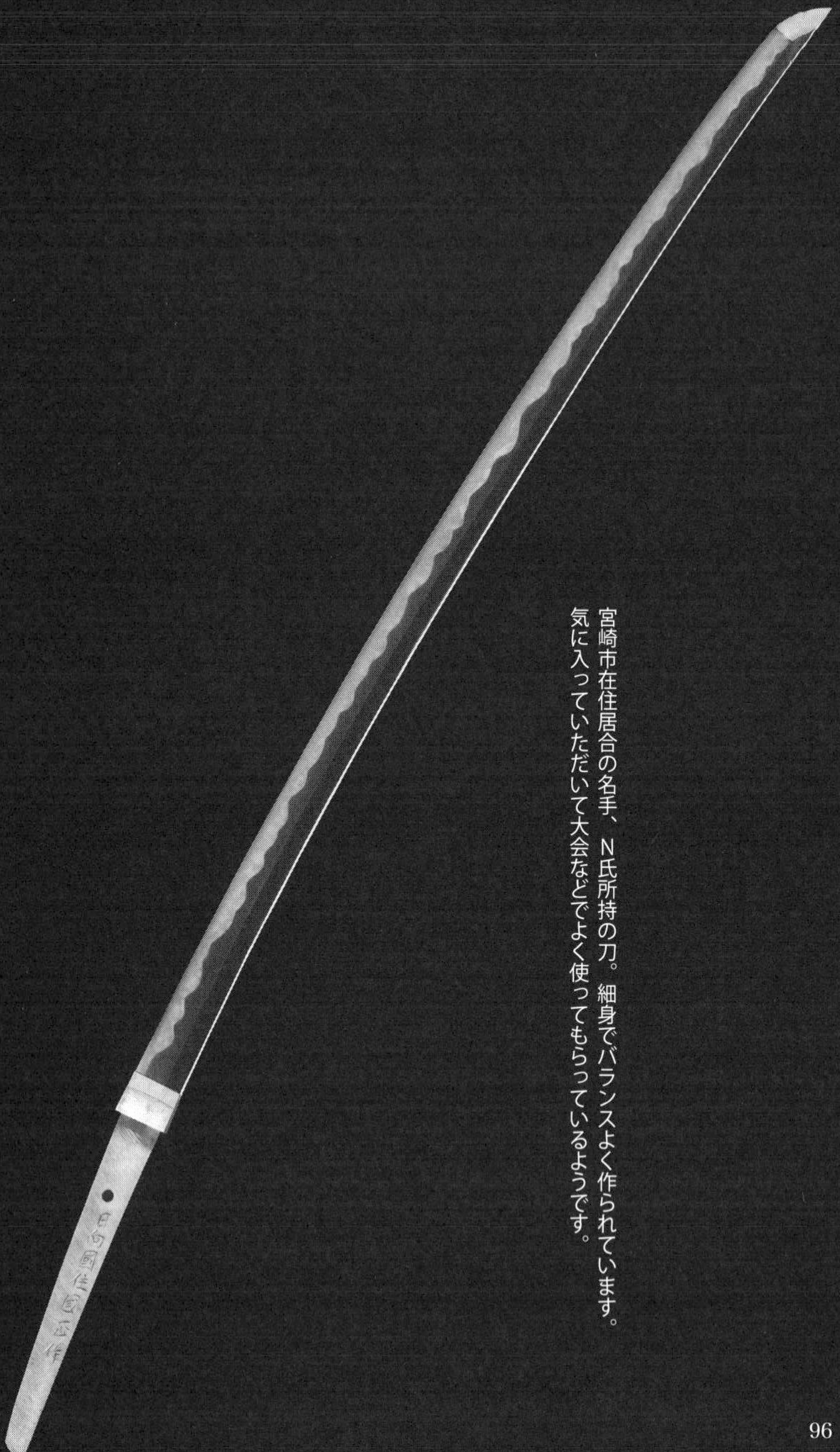

宮崎市在住居合の名手、N氏所持の刀。細身でバランスよく作られています。気に入っていただいて大会などでよく使ってもらっているようです。

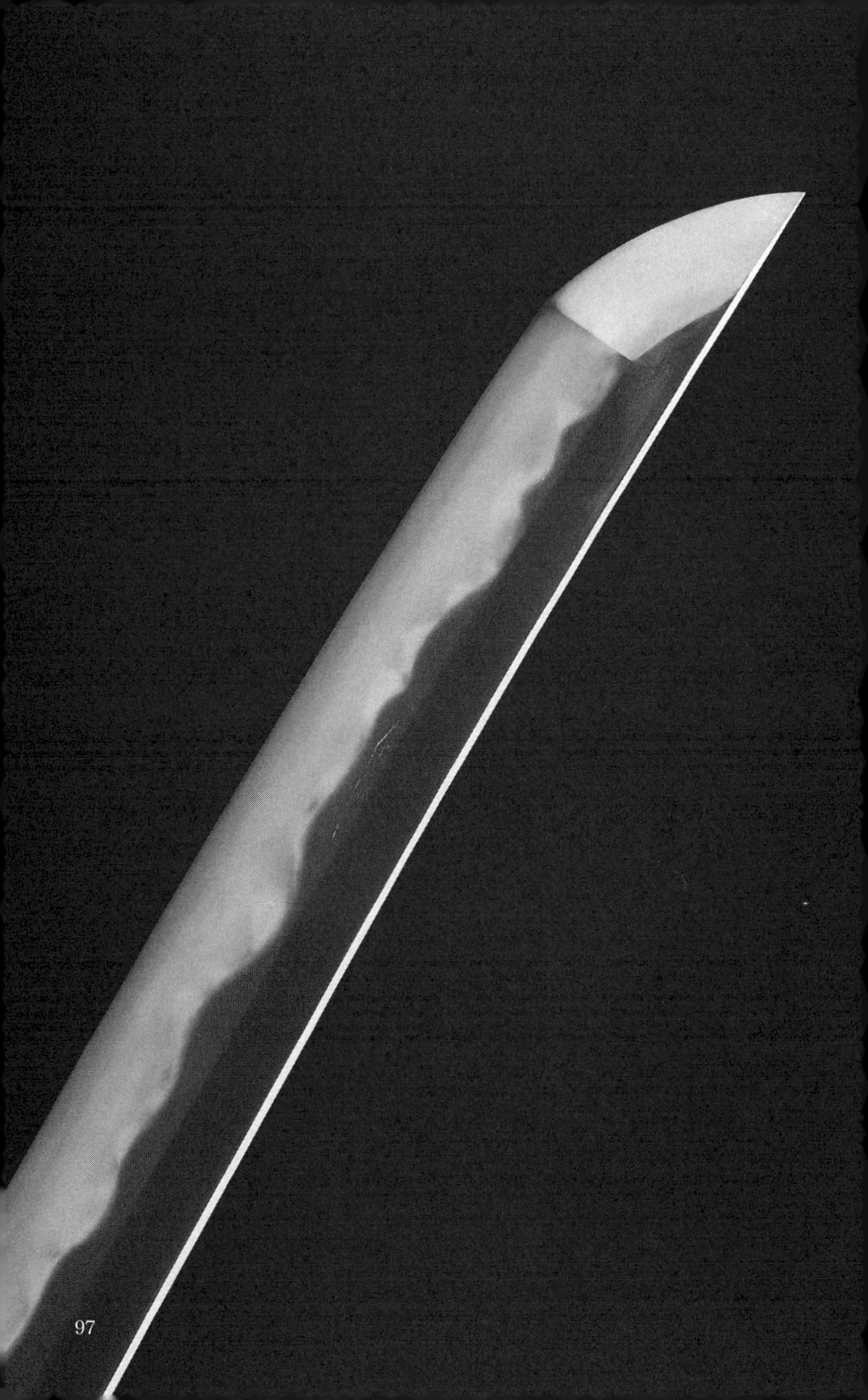

にしかない、と思います。（たとえ明らかに身を守るためであったとしても、襲ってきた相手を日本刀で斬り捨てたら刑事訴追を免れないのが現代日本です。）

日本刀の美しさは、ある種の人々に深い瞑想や禅の修行のような精神の格段の成長をもたらすと私は信じています。昔出会った幾人かの愛刀家の、自信に満ち、落ち着きはらった挙措にそれを感じていました。

こうして考えると日本刀は、たいして斬れなくてもよいのかもしれないと思うこともあります。斬れ味などほぼ意味がない、というのも現代刀の矛盾です。というより日本刀はもともと相反する武と美の追究という目的をもった矛盾にみちた存在とも言えるのです。

実際、矢山利彦先生に出会って、私はあまり斬れない刀、脇差を数十振り作ってきました。もちろん焼きは一応入ってますから砥ぎつければ斬れるようにはなります。（その多くは安全のため刃引きしてあります。刃が研ぎつけてあるものも硬度が低く斬れ味はかなり悪いと思います。）これらは総じて「阿吽丸」と呼ばれ日本刀を使った気功、「刀気功」のために作りました。（矢山先生は外科医、矢山クリニック院長にして矢山式気功の創始者。九州大学空手部主将を務め剛柔流、芦原会館空手、時津賢次師の自成道などを修業、現在空手六段合気道三段。）この刀身は、矢山先生の発案で、折り返し鍛錬を極限まで繰り返した鋼で作ります。（曰く限界鍛錬）30回以上に及ぶ折り返し鍛錬の結果、脱炭して強い焼きの入らない鋼となりますが、通気の力は非常に

折り返し鍛錬

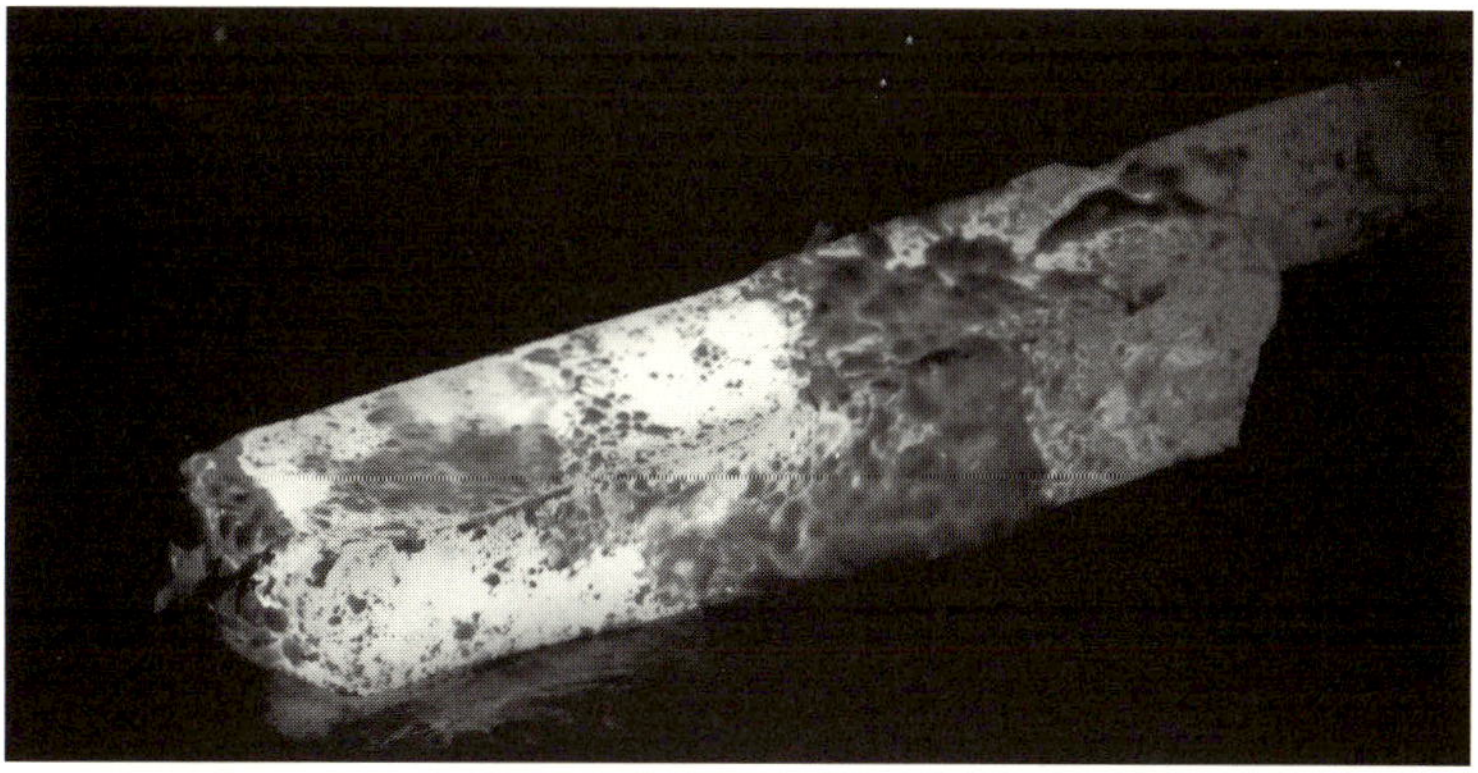

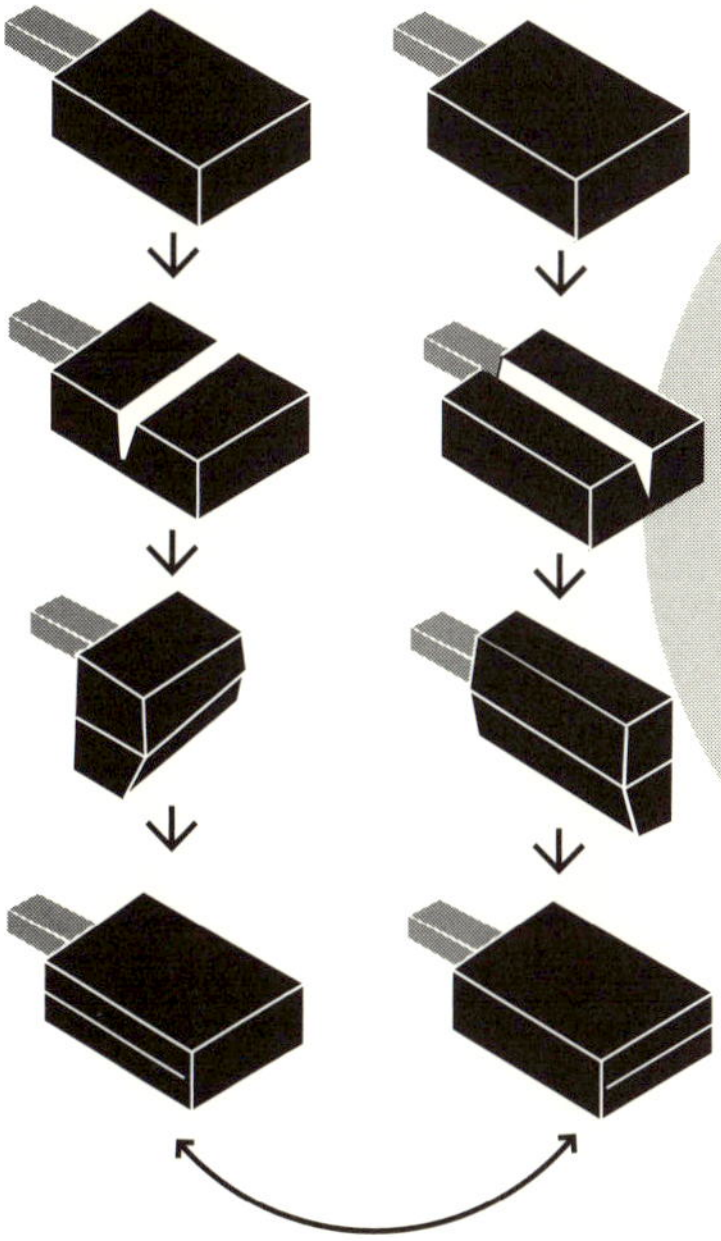

鋼は炭素の含有量によって硬さが変わるが、これが均一でないと、刀になった時に"脆いところ"に力が集中して折れたり欠けたりしてしまう。

最初は必ずしも均質でない鋼を、伸ばしては切れ目を入れて折り返し、再び伸ばして…という事を繰り返しながら均質化させていくのが「折り返し鍛錬」。

縦に折り返すか横に折り返すか、そしてその一方のみを繰り返すか、縦横を交互に行なう（十文字鍛え）のか、など、刀工それぞれに独自のやり方があり、それが刀になった時に地鉄や刃文の模様となって顕われる。

この両方を交互に行なうのが"十文字鍛え"

強まり持ち主の練気に多大な影響を与えます。

これは武術でも美術でもない、気を練るための道具としての刀身で、戦う日本刀からは対極的に遠ざかっているように見えますね。


これまで述べてきた私の日本刀の在り方を整理すると、

1）武術的日本刀＝斬れ味よりも操作性、靭性重視。見た目は関係ない。時にはごくごく軽く、拵え入れて700グラム以下などという刀も作ってきた。

2）試し斬りの道具としての日本刀＝斬れ味が最優先。粘性も大事。（長斬れするように）直刃がよい。

3）美術的日本刀＝美的感覚を研ぎ澄まし知性霊性までも向上させる。乱れ刃、陰影をもって美的世界を作り上げる。直刃も可。

4）練気刀＝折り返し鍛錬した無垢鍛え、願わくば四方柾などで通気力を求めたもの。気功、瞑想に使用できる。

5）複合的なもの

となり、それぞれの意味で武器日本刀（戦う日本刀）だと思っています。

かつて私は、1000年に及ぶ歴史の中で洗練されてきた姿（スタイル）に作られた鋼が、焼き入れを経て硬くしかも弾力のある強靭な刀身になり、微細きわまる研磨を経て幽玄の輝きを放つ日本刀となる、その理想形を作るのが刀鍛冶としての使命だと思ってきました。

しかし今は、日本刀は人間として自在に生き抜く力を得るための道具だと考えています。道具とは道を具（とも）にするものです。人間にとって、生きることがすなわち戦いです。戦う日本刀とは何か、日本刀で戦うとはどんなことか、どうやら答えができたようです。

あと何年仕事ができるかわかりませんが、命続く限り刀を打ち続けるでしょう。作刀にかかる日はいつもワクワクしています。こんな楽しい仕事に出会わせてくれた神々に感謝しながら。

五　斬れる刀とは

日本刀の斬れ味、また斬れる刀とはどんな刀か？このことについては私も言いたいことは沢山あり、多分皆さんも大いに面白がってくれることでしょう。しかし実際に美術品の作家として生きてゆくことを課せられている現代刀匠としては、武器としての日本刀、戦いのための刀身の性能を正面から取り上げるのは、まあ遠慮しておこうと思っているのです。

卑怯に感じるかもしれませんが、実作家（作品を買っていただいて生活している身）としては、あえて火中の栗を拾うマネは避けたいのが本音です。

同業者（現代刀匠）でも故小林康宏師のように「うちの刀は鉄も斬れる」と喧伝している人を見ると、少し危うさを感じます。究極の手作りである日本刀の刀身が、おしなべて同じ強靭さを備えることはなかなか難しいことです。一つの作刀が鉄に斬り込んで刃こぼれしなかったからといって、すべてが同じ性能ということはあまり考えられません。

私は試し斬り用（？）として刀を打つことはあまりありませんが、依頼を受けて結構苦しんだ思い出がいくつかあります。

末古刀（戦国時代）の刀を使って試し斬りをもっぱらにしている、非常に気力横溢な実業家にして居合道家某氏に、その刀と同じようなバランス、重量で注文を受けました。何しろ軽く、薄く、鋭い刃味を要求され、なんとかできたのですが、どうも腰が弱く、曲がりやすかったらしいのです。その後、何のコンタクトもありませんでしたので、眼鏡にかなわなかったものでしょう。細かい数字は忘れましたが、拵えつきで（鍔、柄を付けて）９００グラム以下だったか、かなり軽量、形状も縛られていました。

私は試し斬りも稽古の一環として日常的に行っていますが、使用している刀は拵えつき抜き身で1・15キロ、だいたい江戸期の標準的な差し料くらいだろうと思っていますが、現代の並みの居合道家では扱いにくい重量かもしれません。私の刀は斬り損ねてもそんなに曲がりませんが、ある程度の厚み、ボリュームで耐えているのでしょう。その時作った居合試斬刀はどうも靭性が

材料と鍛え、重ね（厚み）、身幅、鎬、長さ、焼きの入り、反り、それらの結果として決まるバランス…、一振り一振り必ず手作りする刀には、数多くのコントロールせねばならない要素があり、それらの微妙な兼ね合いが刀の使用感と性能を大きく左右します。

足りなかったのかもしれません。

その後、材料と鍛えに工夫し、靭性のある試斬刀も作ることができるようになりました。鍛えは四方柾、無垢鍛えで広直刃、地沸が付くくらい若干高い温度（火取り）にして焼き入れると匂い出来よりも若干刃味は劣るものの、曲がりにくくなるようです。

その後そんなに軽量では作っていないので、以前と比較して性能が向上したかどうか定かではありませんが。

刃味と斬れ味は刀においては違います。

刀を振るったときに、十分な剣速が得られるバランスであれば、多少刃がつぶれて刃味が悪くても結構斬れるものです。刃が固く刃味が上々だったとしても、手持ち、バランスの悪い刀の斬れ味はよくはありません。それももちろん、斬り手の技術、膂力によってかわってきます。

私が普段、美術鑑賞に耐えられる研磨を施した刀で試し斬りすることはほぼありませんが、研ぎに出す前、荒砥で刃を付けたくらい（鍛冶押し＝かじおし、刀鍛冶の仕上げ状態）で斬ったことはもちろんあります。斬れ味が良い、とは言えませんが問題なく太竹（径二寸〜三寸）が両断できます。

自身の剣術稽古のために刀を作ったのはそう遠くない過去のことで、それまでは疵が出た刀身などを既成の安い拵えに無理やり入れ込んで使っていました。なかには思ったより斬れ味のよいものもありましたが、総じて刃こぼれはしないけれど、若干柔らかくて刃味は良くないものが多かったと思います。硬く焼きが入って刃切れが来たものにはあっさり折れてしまったり、刃切れに沿って大きく欠けたものもありました。

現代のテクノロジーによって作られた超硬鋼で、仮に日本刀様の刃物を作ったらどうでしょう。刃味は単純な炭素鋼に過ぎない日本刀よりかなり良いでしょう。しかし日本刀の斬れ味を生むのは刃部だけでなくスプリングのような組織になっている地部の弾力によるのですから、私としては使いにくそうだな、と思います。さらに研ぎの要素も斬れ味には絶対不可欠の要素です。

そこまで硬く焼きの入った鋼ですと、研磨のための特別な道具や機械がないと砥げません。そうすると、人力で、どこでも手に入る砥石で研げる普通の炭素鋼のほうが、斬れ味を保つには優れているともいえるかもしれません。

私の美術刀も、いわゆる試斬稽古には不向きだけれど、剣をとっての戦いには、問題ないのではないかな、と思っています。使い心地の良いバランスで、ある程度の強さがあれば、少し柔らかいくらいの刀身の方が安心して使えるようなではないでしょうか。折れにくいですから。

それに日本刀は据えものの斬れ味、刃味よりも使い心地が大事なのです。それが戦いのための武器であるということです。

《第3章》

刀を作るという事

日本刀は、ひたすらに
ただひたすらに美しく
美しくあらねばならぬ
弱々しくて愚かしい
汚れに満ちた人の心を
あっぱれ見事に断ち切って
気高く雄々しく勇気ある
真の人間たらしむために
強き鋼に祈りを籠めて
久遠に輝く武魂の器
大和の劒を打ちゆかん

松葉國正

(日本刀の在り方、刀鍛冶の存在意味、そして武と美の間で悩んでいた頃に詠んだ詩。美を追求することが日本刀の真価ではないかと思っていました)

一　日本刀を作る

　刀鍛冶は、日本刀が非日常のものでありますから、自分自身の思想（アイデンティティ）をきちんと作ることが、まともな社会生活を送る上で絶対に必要だと私は思っています。思想とは少し大袈裟ですが、日本刀の意義、とは別に自分が刀鍛冶として社会に溶け込むために考え方に整合性を持たせることが必要だということです。

　芸術美術で生きる人は多かれ少なかれ、そういう面はあるのでしょうが、何と言っても日本刀を創作するということは、絵をかいたり、音楽を奏でたりするのとは根本的に違うものです。それだけに、プロとなって打った（製作した）刀を販売しつつ炭鉄を買い、鍛錬場を維持し、さらに高いレベルの作品とすべく研鑽努力をしてゆく困難さは、想像できるのではないでしょうか。ただ、言わずもがな、日本刀には人を虜にする猛烈な魅力があります。その魅力の源泉のひとつには独特の輝きがあります。その輝きは、和鉄（木炭還元した鉄）を熱処理し（焼き入れ）、日本の砥石で研磨した時にだけ見ることのできる沸《にえ》という結晶様の組織が、光を反射することで生まれます。この沸は、非常に多様な表情をもっており、それは素材の性質、焼刃土《やきばつち》の種類（含まれている物質の違いや、混合割合の差異など）、冷却速度、等々によって明るく輝いたり青みがかって見えたり、特徴的な日本刀の美を生むのです。

沸（にえ）出来

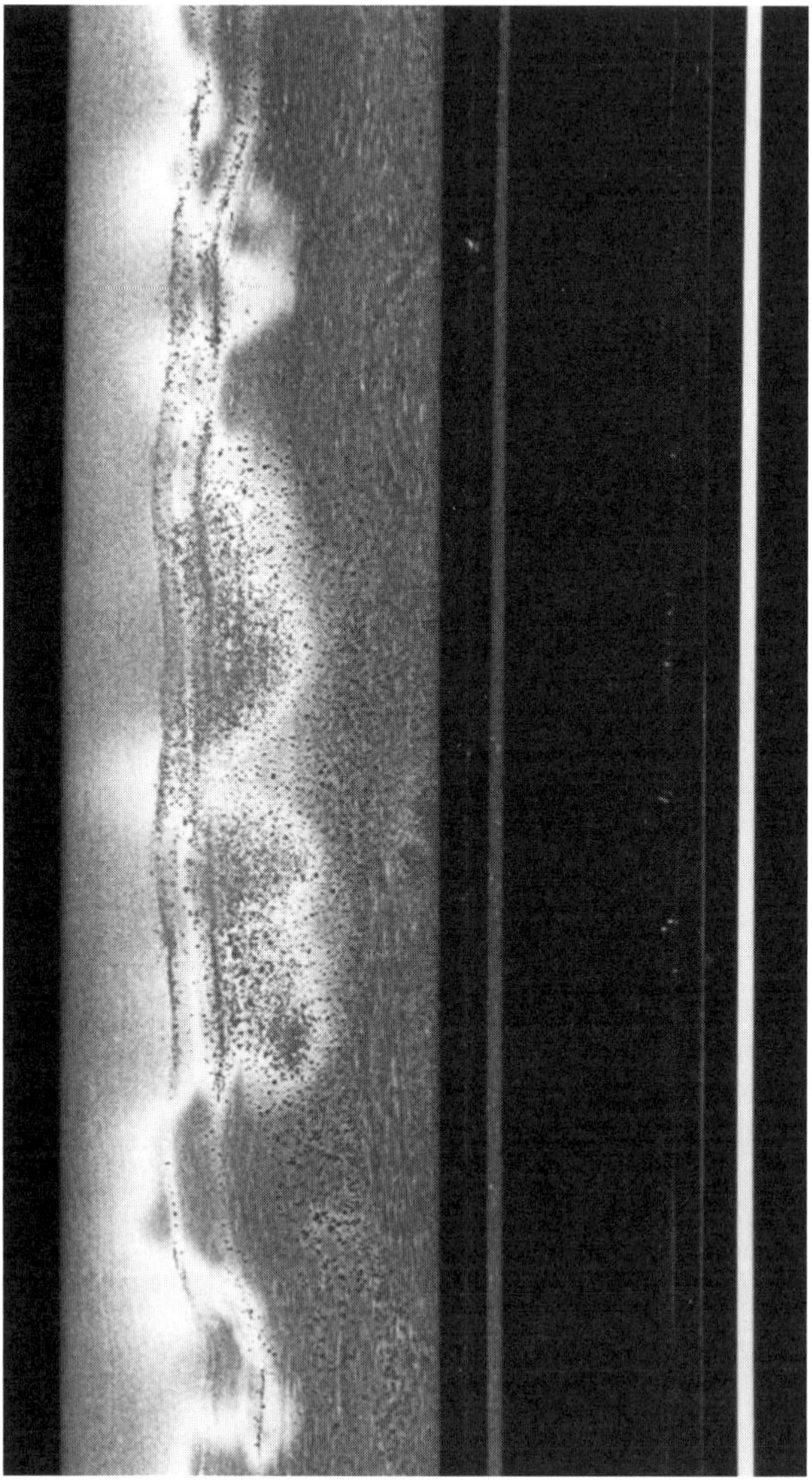

焼き入れをする事によって鋼には独特の質感が刃文と地鉄の境目などに顕われ、それは研ぐ事によって初めて明らかになる。本ページ写真のように粗めの結晶様のものを「沸（にえ）出来」、次ページ写真のように肉眼ではわからないほど粒子が細かく、ぼうっと霞んだようなものを「匂（におい）出来」という。（写真撮影：藤代興里）。

匂（におい）出来

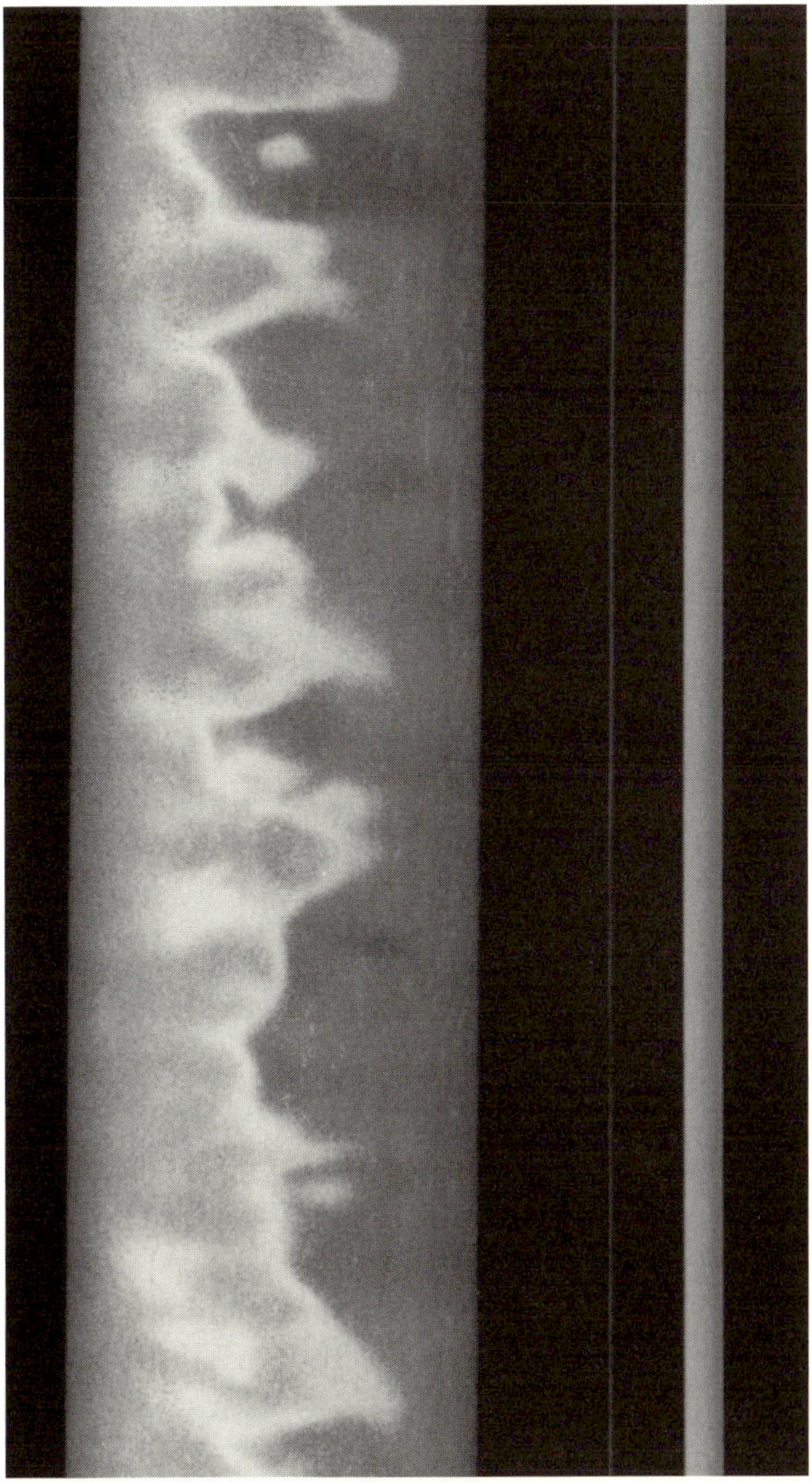

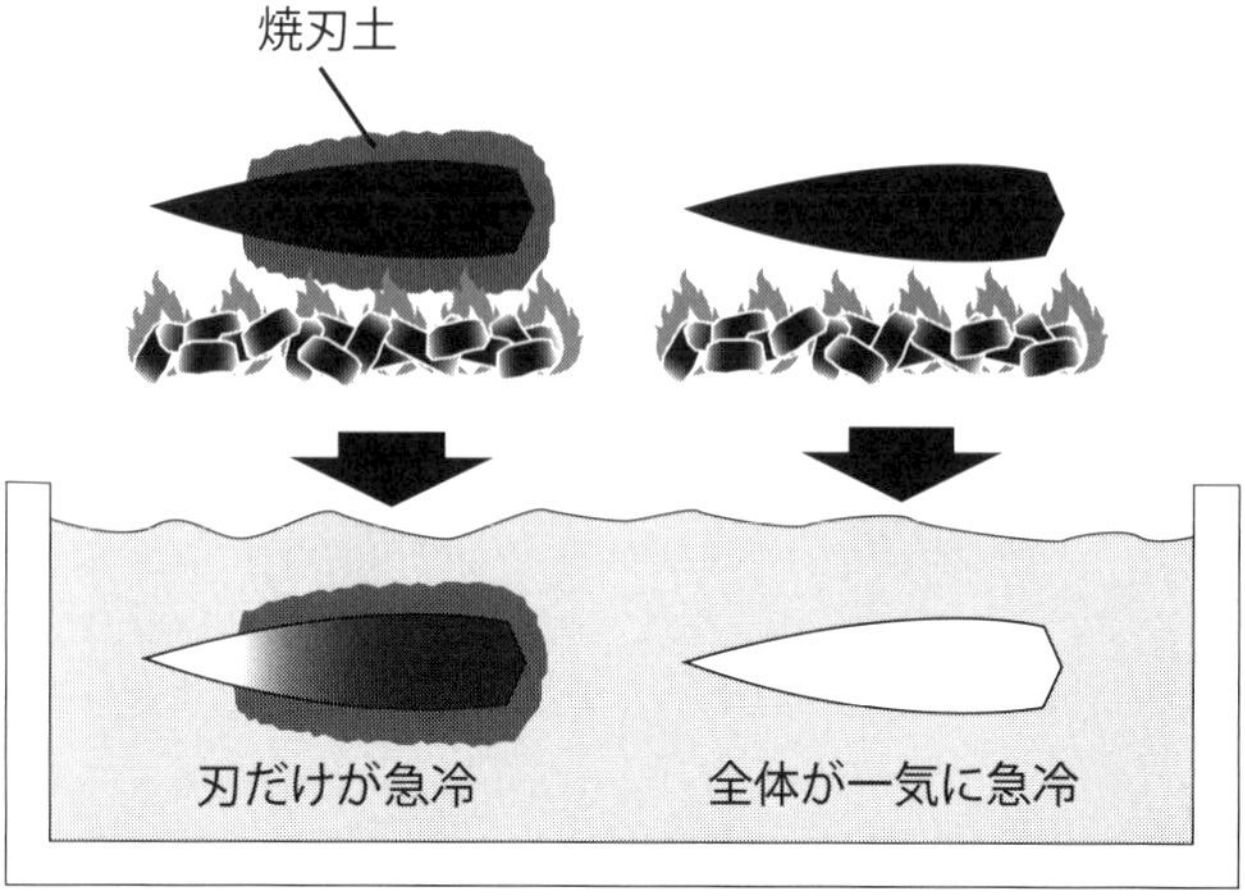

鋼は熱した後、水に入れて急冷すると特別な構造変化（マルテンサイト化）を起こし、硬くなる（焼きが入る）。焼きの入った鋼は硬いという利と同時に欠けたり折れたりしやすいという短所も併せ持つため、地鉄部分には焼きが入らないよう焼刃土を置き、水に入れても急冷されないようにする。こうする事によって地鉄部分には焼きが入らず、靭性が保たれる。

（(注）焼刃土は、絹フルイで選別した粘土、砥石粉、炭粉を1：1：1を基本に混ぜ合わせ、乳鉢でよく練り合わせて作ります。800度に加熱して炭火でこすっても剥がれ落ちません。急冷した刀身はいったん内向きに縮み、刃部に焼きが入り硬くなる時に反ってきます。その動きにもある程度はついてこれなくてはいけません。）

第一章で述べた通り、特異な方法で日本刀を作っていた小林康宏刀匠に入門したのが、この世界に入るきっかけでした。師は、低温鍛錬を提唱し、少ない風量で鉄が沸く炉を工夫して鍛錬をしていました。応永以

焼き入れによる刀の形状変化

物質は普通、冷却すると収縮する。しかし「焼き入れ」は実に不思議な現象で、その先に膨張変化が起こる。

このため、熱した刀を水に入れるといったんは刃側が冷却収縮され内向きに縮んだ後、焼きが入っていくと刃側が硬くなりながら膨張するので、全体としては反る。この結果が刀の“反り”を形成する。

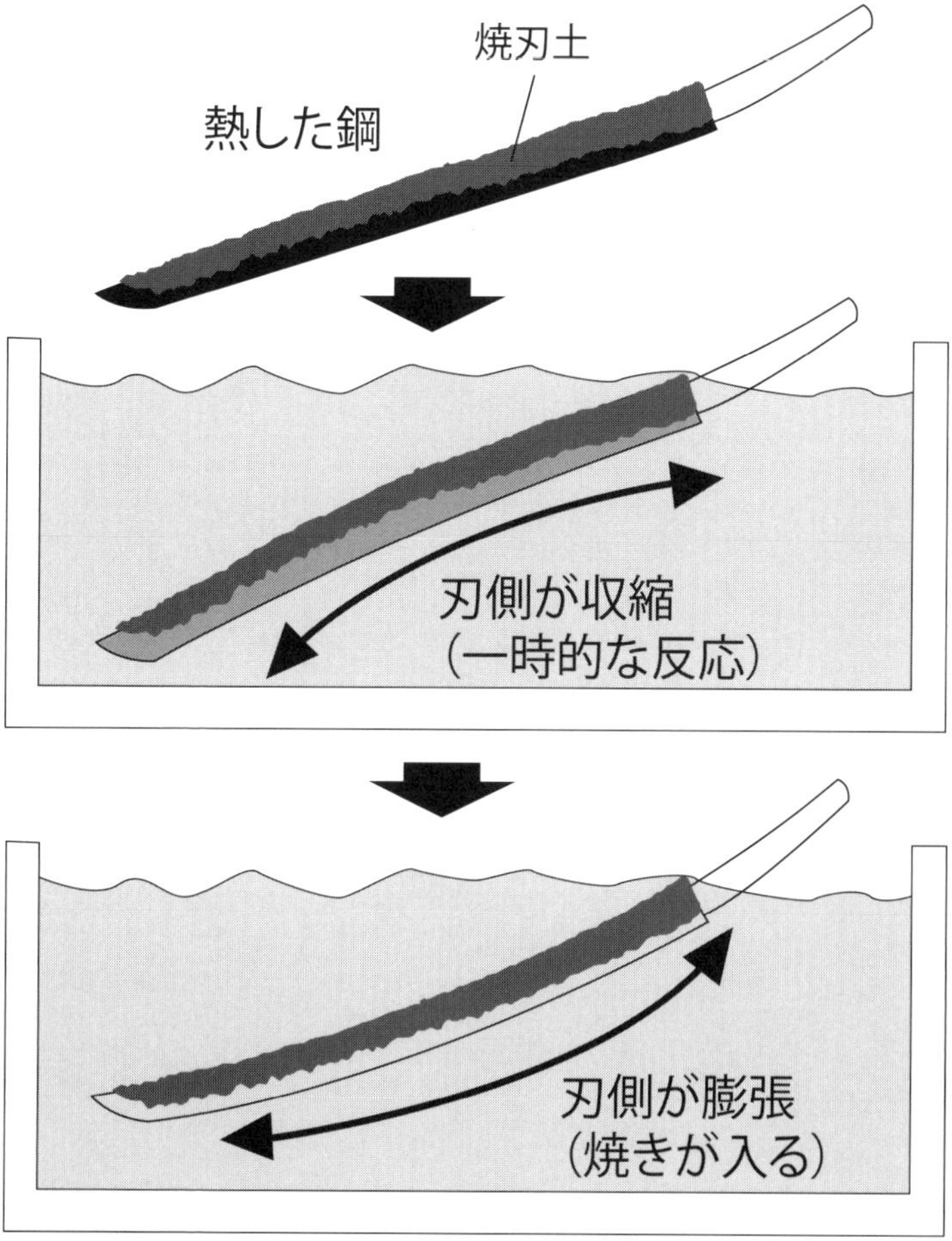

前の名刀はおしなべて低温で製鋼し、それでとれた純粋な鋼をまた低温で鍛錬したからこそ、のちの時代のものとは比べ物にならぬ美しい地鉄《じがね》が生まれたのだ、と。

あれから30年以上もたち、何百振りも刀を鍛えて、新作名刀展では無鑑査までできた今ですが、思い返すと、やはり最初に擦り込まれた考え方から逃れることは容易ではないし、その理論は正しい、と今もどこか信じているのです。

しかし、製鉄も鍛錬も、小林先生の言説のように単純なものではないということも分かっています。断片的な事実は本質をかえって見えなくすることもあるのです。

師が老境にさしかかって始めた作刀でしたが、終焉を迎えた時にもその理想にははるか遠く及ばず、というのが現実であったと思います。口幅ったい言い方をすれば、私こそが、師の遺志を継ぎ、古名刀再現に邁進している、とずっと思ってきました。若気の至りで決別してしまいましたが、あの時の決断の正しさは、この30余年の歩みで示しえたと思います。やはり職人としての分厚い技量が根底にないと、いかなる理想も実現できるものではないのです。兄弟子だった安藤広清師にお世話になり、あまり干渉されることなく好きに修業できたのは本当にありがたいことでした。その間、各種講習会に参加でき、一流刀工と言われる講師たちの技量の高さに文字通り目を見張りました。

当時、われわれはぐれ刀工の面倒をよく見てくれていた奈良の河内國平先生のもとで、8か月修業はウソをつかない、と信じ…

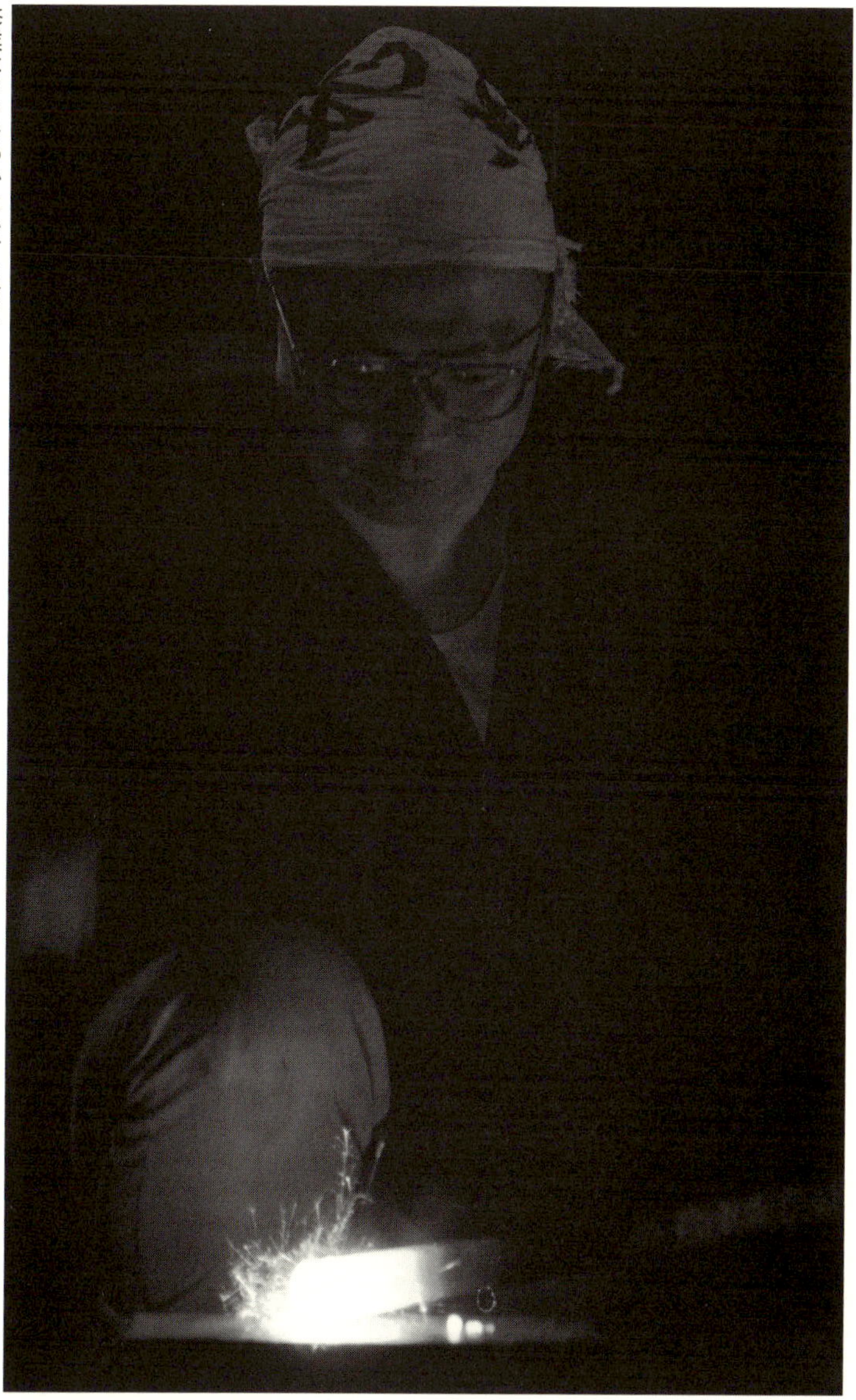

の短い期間でしたが、内弟子修業をさせていただいたのが今日の基本になっていると思います。(河内先生は人間国宝、宮入行平師の高弟の一人で、妥協なき作刀姿勢と洒脱な人柄で、現在も強烈な存在感を放っています。)

とはいえ、今に至るまで、すぐに手を抜いて妥協してしまう職人らしからぬ性格、スピード重視の考え方は一向に改まらず、宮入流(?)とはかけ離れた荒い手法で、刀鍛冶としての自分の技術にはあまり自信はありません。まあまあ恵まれた体力、腕力まかせの力技で30年、失敗を含めれば1000振り近くの作刀をこなしてきた経験がモノ言って、少しは刀鍛冶らしくなったかな、と思う昨今です。

研修会を通じて、東京の吉原義人、國家両先生にも多くのことを学びました。吉原一門の際立って見事な鍛錬、焼き入れの業は現在も脈々と受け継がれ、同業の端くれとしていつも心丈夫に感じています。日本の刀鍛冶が今後も世界の注目を集め続けるには、江戸から続く確実な技法の伝承が欠かせないのは言うまでもありません。日本に残る各名流の揺るぎない作刀業は、日本文化のまぎれもない至宝です。

二　鉄の話

刀鍛冶は鉄フェチ（むろん江戸期以前の古鉄、あるいは卸鉄をすると海綿鉄などのような和鉄になり得る鉄）が多いと思います。玉鋼に依存している刀鍛冶はそれほどでもありませんが、卸鉄を盛んに行い、肌モノと言われる地鉄に板目や杢《もく》目などの地鉄を見せる作品や、古刀の味のある地鉄を追求している連中は、鉄の話で一晩中盛り上がっています。私も結構古鉄（江戸期以前の鉄）をあさましく漁っていたものです。

自家製鉄も独立開業して10年くらいは盛んにやっていました。主に熊本の大塚惟忠刀匠に教わって、山砂と粘土で炉を作り、ノロを出さずケラをとり、そのあとは必ず卸鉄をして、炭素を加え、ノロを抜く手法でした。（金偏に母と書いてケラと読みます。この自家製鉄のケラは鉄塊ですが結合が弱く簡単に破砕できていました。小割りした鉄塊を山盛りの炭火の高温で溶解し、中に介在する非鉄部分、ノロを分離加炭するのです。）

製鉄の歴史は、4000年前の中東にさかのぼります。青銅に比べて安価で強靭な鉄の生産方法が確立したのちは、武器あるいは農工具に加工され、多くの国家民族の盛衰に深く関わってきました。近代産業革命を推し進めたのはまさに製鉄製鋼法の飛躍的発展あってのことです。

簡単に一般的な鉄について触れておいたほうが日本刀製作を理解しやすいでしょう。

そもそも自然界にはほぼ鉄は存在しません。元素としてのFeは地球上では全くありふれていますが、ほぼ酸化鉄という形で存在しています。むろん酸化鉄は金属ではありません。よく、玉鋼は砂鉄を溶かして作るのでしょう、と聞かれますが、砂鉄を溶かしても溶けた砂鉄、酸化鉄の塊にしかなりません。叩くと脆く簡単に粉々に壊れます。

酸化鉄を鉄にするには、まさに文字通り、還元反応を用いて酸素を取り去ってやらねばなりません。（酸化の反対は還元ですね。中学校で習いました。）

鉄鉱石、砂鉄などに含まれるFe_2O_3などに熱とC（炭素）を加えることで還元反応を起こしFe、FeC（鉄、炭化鉄）を得るわけです。

この化学反応を進めるエネルギーとして古くから木炭が使われてきました。木炭（現代製鉄ではコークス）の含有する炭素が鉄と結びつき、FeCとなり鉄に含まれ、その炭素の量が鉄の硬さ、性質を決める決定的な役割を果たします。

現代製鉄はむろん、コークスを燃料、炭素の供給源としますから、得られるエネルギー（熱量）が段違いに大きく、還元反応も強く量的には木炭の頃とは比較にならない生産性があります。しかし質は非常に違うのです。

そもそも鉄（Fe）は様々な物質と結びつきやすく、皆さんが日ごろ目にする機会の多い釘など、ほんのしばらく放置しておくだけで表面が赤い錆び、すなわち酸化鉄に覆われ、雨ざらしにしておくと数年を経ずしてボロボロになりますよね。

さらに鉄を高温に熱し液状にしますと空気中の様々な元素などとも結びつきやすくなります。

鉄（Fe）は自然界では通常、酸素と結びついた酸化鉄の状態で存在する。
炭素を用いて酸化鉄から酸素を取り去る（還元）というプロセスを経なければ、
金属としての鉄を得る事はできない。

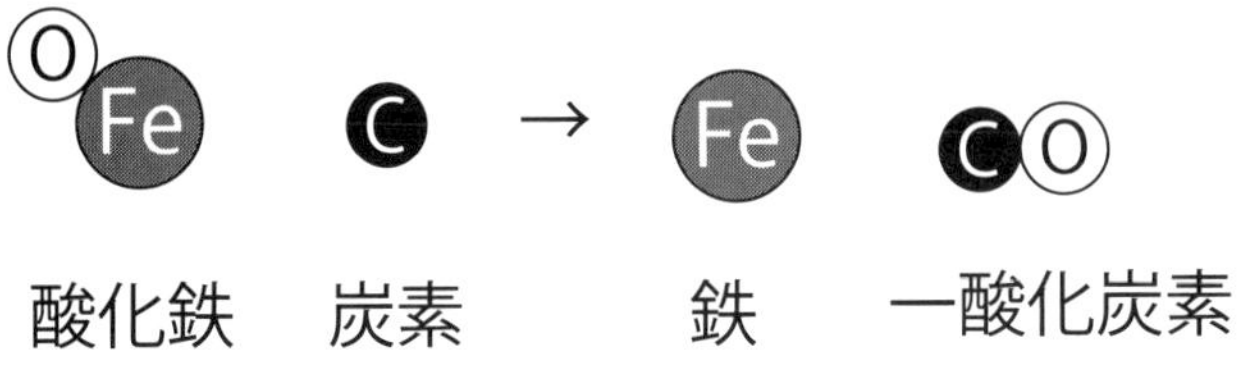

$$2Fe_2O_3 + 3C \rightarrow 4Fe + 3CO_2$$

つまり酸化鉄を還元するのにコークスを燃焼させ高い温度（1800～2000度）にしますと、還元反応は容易になりますが（鉄になりやすい）、より多くの不純物を溶かしこみ易くなります。加えて、コークスは木炭に比べると不純物がかなり多い燃料ですから、当然できた鉄にも不純物が多く含まれています。（特に硫黄をどう取り除くかが初期石炭製鉄の課題でした）

脱硫、脱燐、脱炭などの技術革新によって、安価で高品質の鉄鋼生産が可能になったのですが、原始的なたたら製鉄で作られる鋼は普通の鉄鋼製品とはまるで違う、美しい輝きを持っています。

鉄の性質を決めるのは、基本的には炭素です。鉄（Fe）に炭素（C）が溶け込んでいる金属が一般に言われている鉄、炭素鋼です。ご存知のごとく自動車の板金や、建築資材など広く用いられて

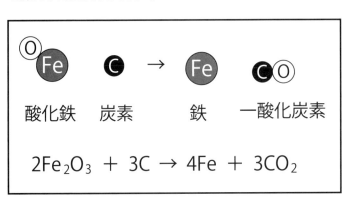

鉄と炭素

木炭を使った還元プロセスを経ると、精製される鉄は炭素を含有した炭化鉄（FeC）として得られる。

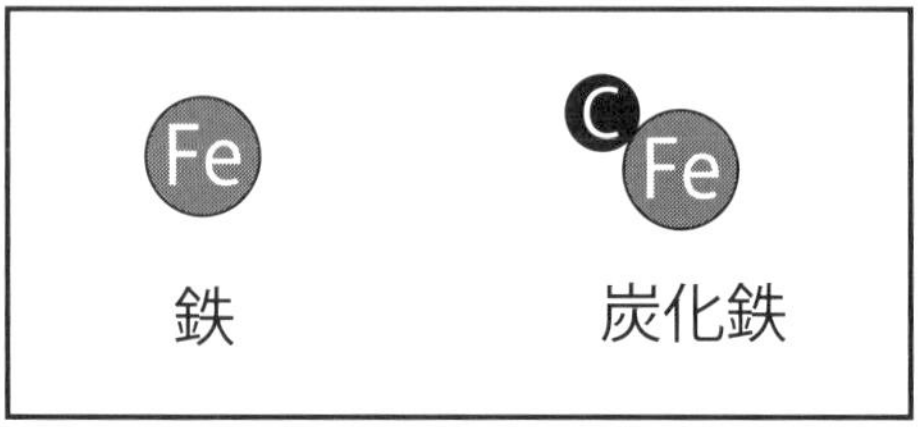

鉄における炭素含有量は、硬さを大きく左右する。

炭素含有量が多いと硬い反面、欠けたり折れたりしやすくなる。

少なければ軟らかいが、欠けたりはしにくい強さをもつ。

なお、炭素含有量によって、「鉄」「鋼」「鋳鉄」と呼び名が分けられており、刀に使われるのは「鋼」。

当然、「鋼」の中においても、含有炭素量が多めのものは硬い性質を示し、少なめのものは軟らかく折れにくい性質を示すため、

それに応じて使用部位が使い分けられてくる。

	鉄	鋼	鋳鉄
炭素含有量	<0.02%	0.02〜2.14%	2.14%<
硬さ	軟らかい	◀――――▶	硬い
脆さ	折れにくい	◀――――▶	折れやすい

ちなみに、いわゆる「焼きが入る」のは「鋼」だけ。ごく特別な性質なのだ。

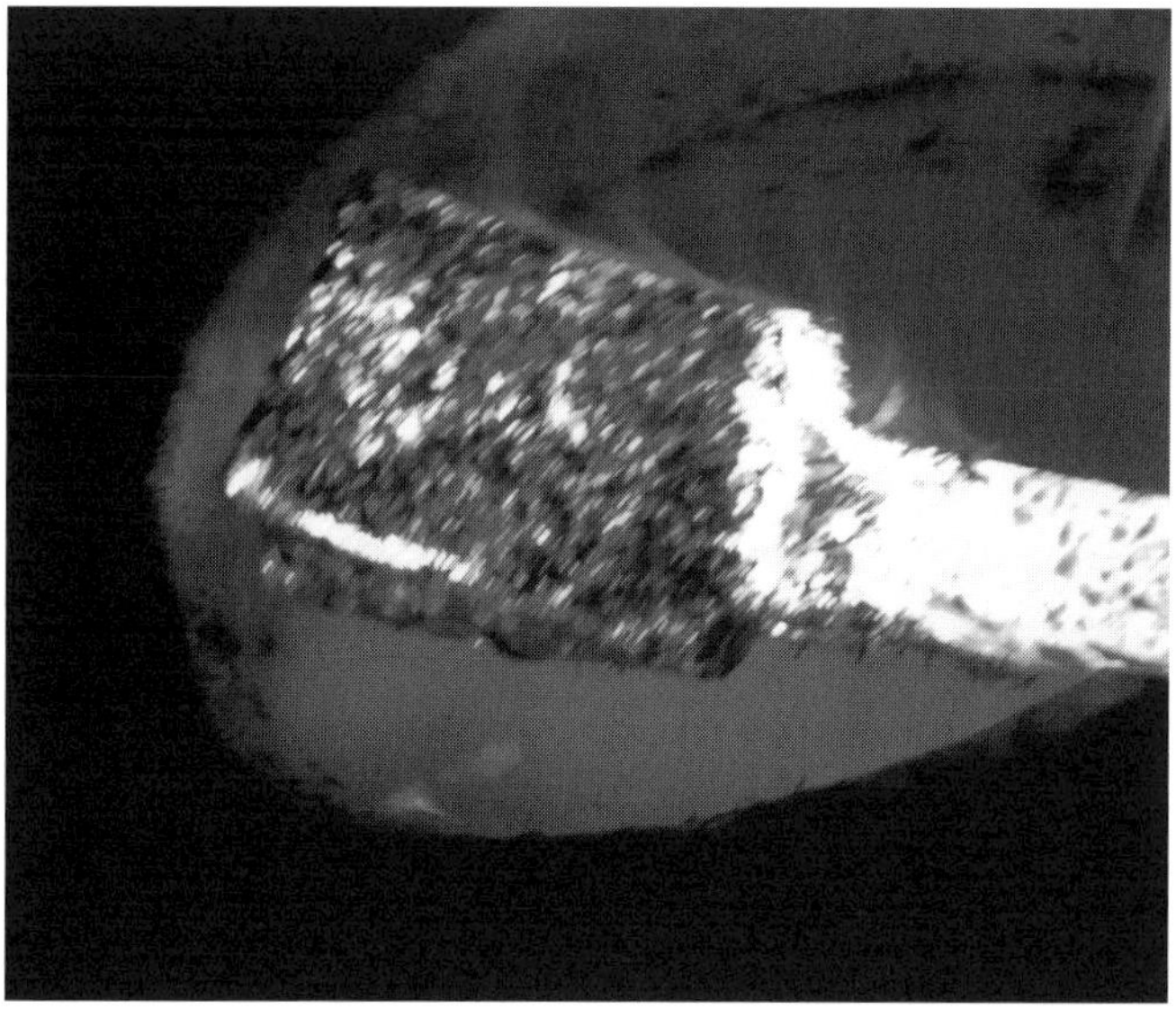

鋼を赤める（熱する）と、空気中のさまざまな元素と結びつきやすくなる。

います。さらに溶けた炭素鋼に微量の元素を加える技術が近代以降急速に開発され、ステンレスなど錆びない鉄や、摩耗に強い性質など、数多くの特殊鋼も生産されています。

炭素が多いものは、いわゆる銑鉄、ズクといわれるもので、鋳物《いもの》の鉄となります。南部鉄器などを思い浮かべてください。硬くて脆い性質があります。

それより炭素量が少ないものが鋼ですが、現在使用される多くの鉄がこれにあたります。車に使われているスプリングなどは炭素量がかなり多い高炭素鋼で、刃物はそれよりは炭素量の少ないものがほとんどです。（切れ味は硬さだけでは決まりません。ある程度の研ぎやすさも重要です。包丁鉋、など砥石で研げる硬さのもので炭素量1.0〜0.4％くらいでしょうか。しかし現代の鋼材は純粋な炭素鋼は非常に少なく、硬さも炭素量だけでは決まりません）日本刀もこの範囲に入ります。車の板金などは軟鋼にあたり、加工に優れているのはご存知の通りです。

私たち刀鍛冶は鉄のもっともシンプルな形、炭素鋼の中でも、熱処理が比較的容易な範囲の炭素を含む鋼を使っているわけです。

玉鋼《たまはがね》は、非常に純粋で不純物が少ないシンプルな炭素鋼ともいえますが、ただ不純物が少ない、というだけではあの輝きは出ません。しかし不純物が極めて少ないことで、工業生産の一般的な鋼材にはない、極めて優れた性質を現します。（例えば錆びにくい）

玉鋼製造は、たたら製鉄とよばれ熱源は炭、粘土で作られた炉中に砂鉄を投入、鞴《ふいご》によって空気が送られ燃焼、還元して鋼塊を生じさせます。往時は3トン以上にも達していたそうです。今の日刀保たたら（公益財団法人、日本美術刀剣保存協会たたら課）でも一度の操業（三日三晩炭を焚き、10トンの砂鉄を投入する。これを一夜と言います）で3トン近く生産しています。この鉄塊がケラ、このうち適正な炭素を含んだ鋼（玉鋼）は4割ほどだそうです。

鉄の性質が含まれる元素によって非常に異なるのは驚くほどで、ごく微量でも大きな影響を与えます。（例えばよく目にするステンレスももともとは鉄です。ニッケルが含まれただけで錆びにくくなるという性質に変わることはよく知られています。）様々な国、地域から産出する鉄鉱

日本刀の材料となる玉鋼。日本美術刀剣保存協会が運営する「たたら」で精製されている。

石にはそれぞれ母岩から他の元素が混じり多少なりと異なる性質を持っています。砂鉄も昔から、一山超えたら性質が違うと言われてきたそうです。砂鉄が含まれる母岩の成分によって（特に酸化チタン）、製鉄方法もかなり違っていたようです。

ちなみにチタンという、人力に頼った送風、土を使った築炉という原始的なたたら製鉄の話にそれほどなじみのないこの金属が注目されたのは、鹿児島県奄美大島出身で、広島に鍛錬場を持つ畏友、吉原門下の久保善博刀匠の研究を聞きかじったものです。彼は緻密で豊富な実験を積み重ね、通説を葬り去り古代製鉄の在り方に新たな光を当てました。作品も見事ですが、この研究によって久保善博の名は刀剣史、そしてたたら（日刀保たたら）の断面構造。水蒸気爆発を防ぐため、こんなにも巨大な地下構造が必要になる。

炉は地上に粘土を用いて作られ、投入した砂鉄を三日三晩熱した後、炉壁を壊して鉄塊が取り出される。

これによって精製された上質鋼が「玉鋼」と呼ばれる、日本刀の材料となる。

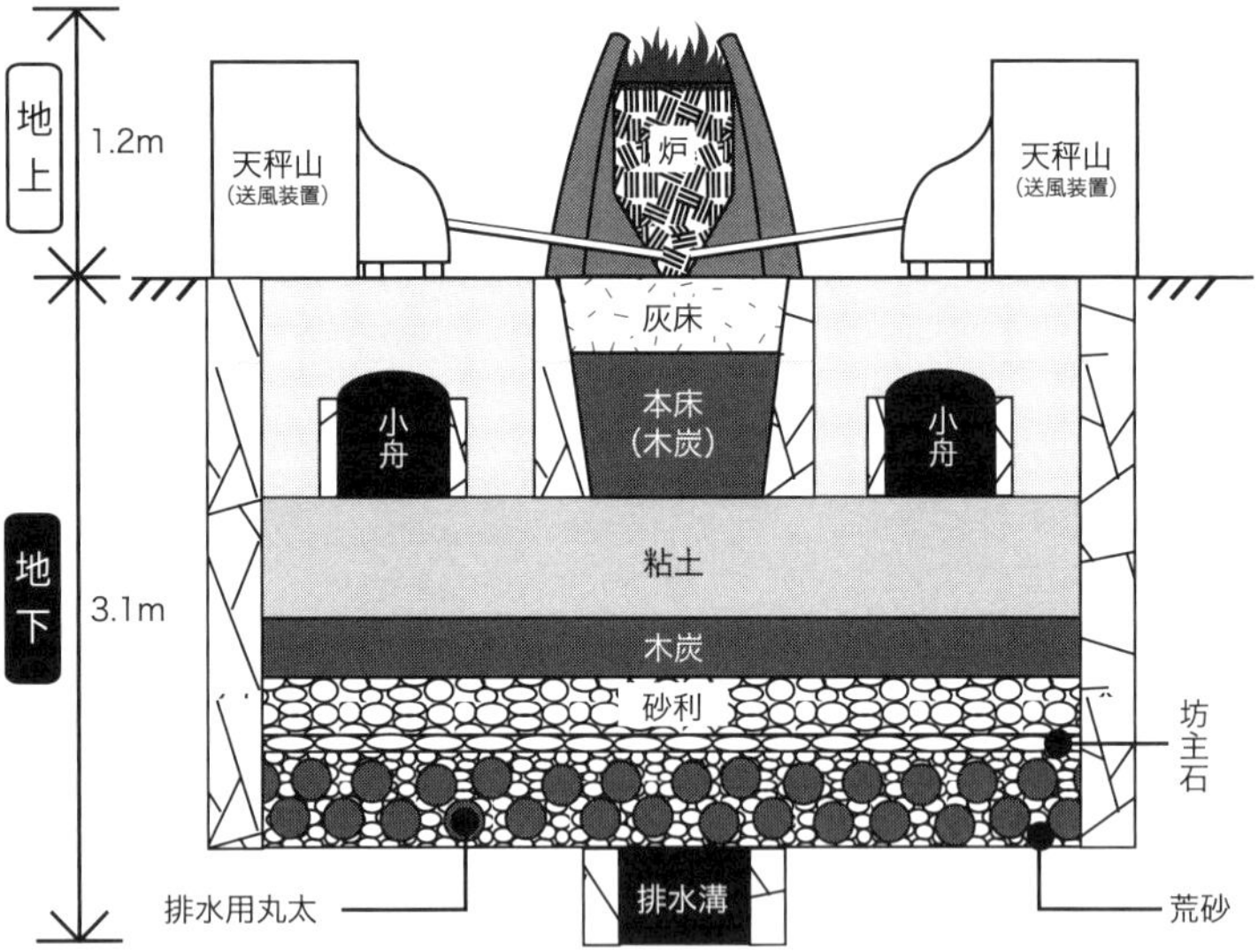

製鉄研究にくっきりと刻まれたのは間違いありません。

江戸期の寺院や、蔵《くら》などを解体修理した時に出る古鉄もすべてたたら製鉄製品ですから、卸鉄すれば刀剣材料となります。私も岡山での修業時代、休みの時屋根の吹き替えをしているお寺に上ったり（かなり恐ろしい経験でした）、廃寺の柱から抜いたりして集めました。その後も宮大工の方に頂いたりし、かなりな分量の古鉄を、卸して使ってきました。同じように炭火で溶かしても、産地、時代によってやたら早く吸炭（炭素を含む）してズクになるもの、なかなか吸炭しないものなど、様々で、その都度鉄という金属の不思議な性質を感じています。

皆様の中には、鉄というありふれた素材を使う日本刀ならば、21世紀の現代テクノロジーを使えば古刀の謎などあっという間に解明し、鎌倉時代の名刀を簡単に凌駕できるのではないかと思われるかもしれません。

しかし、現在でも１００％Fe、純鉄というものすらできていません。素材研究は特殊鋼という形で進み、非常に優れた鉄鋼製品が数多く生み出されています。いまさら単純で純粋な炭素鋼の研究に力を注ぐ冶金学者もいないでしょうから、当分謎は謎のまま残りそうです。そもそも研磨した日本刀がなぜあんなに輝くのか、熱処理（焼き入れ）によって得られる組織の硬軟だけではありません。磨けば金属は輝きますが(金属光沢)、日本刀の輝きはそれとはまったく違うものです。玉鋼は、現代製鉄による炭素鋼のうち性質の近いものと比べても、極めて不純物が少ない鋼です。

焼刃土と刃文

焼刃土を塗った部分は焼きが入らず、塗らない部分には焼きが入って変質（マルテンサイト化）し、色が変わる。この境目が刃文となる。

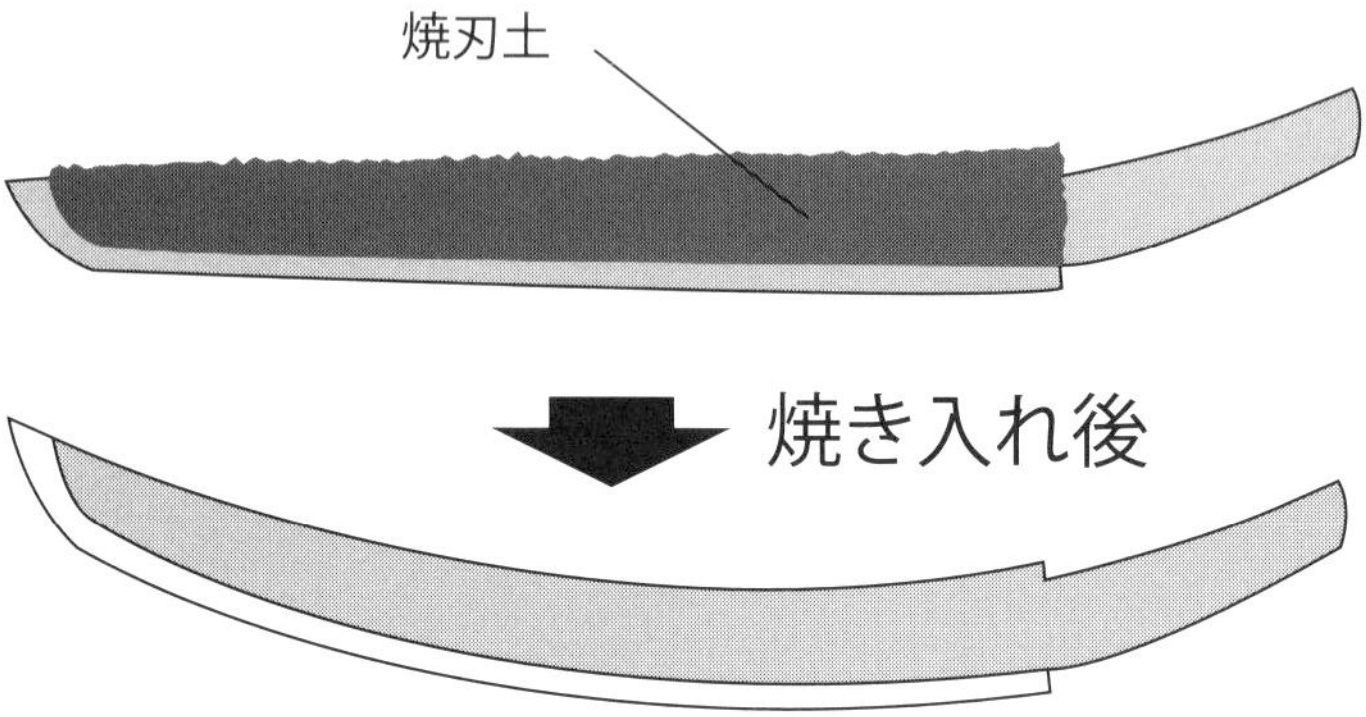

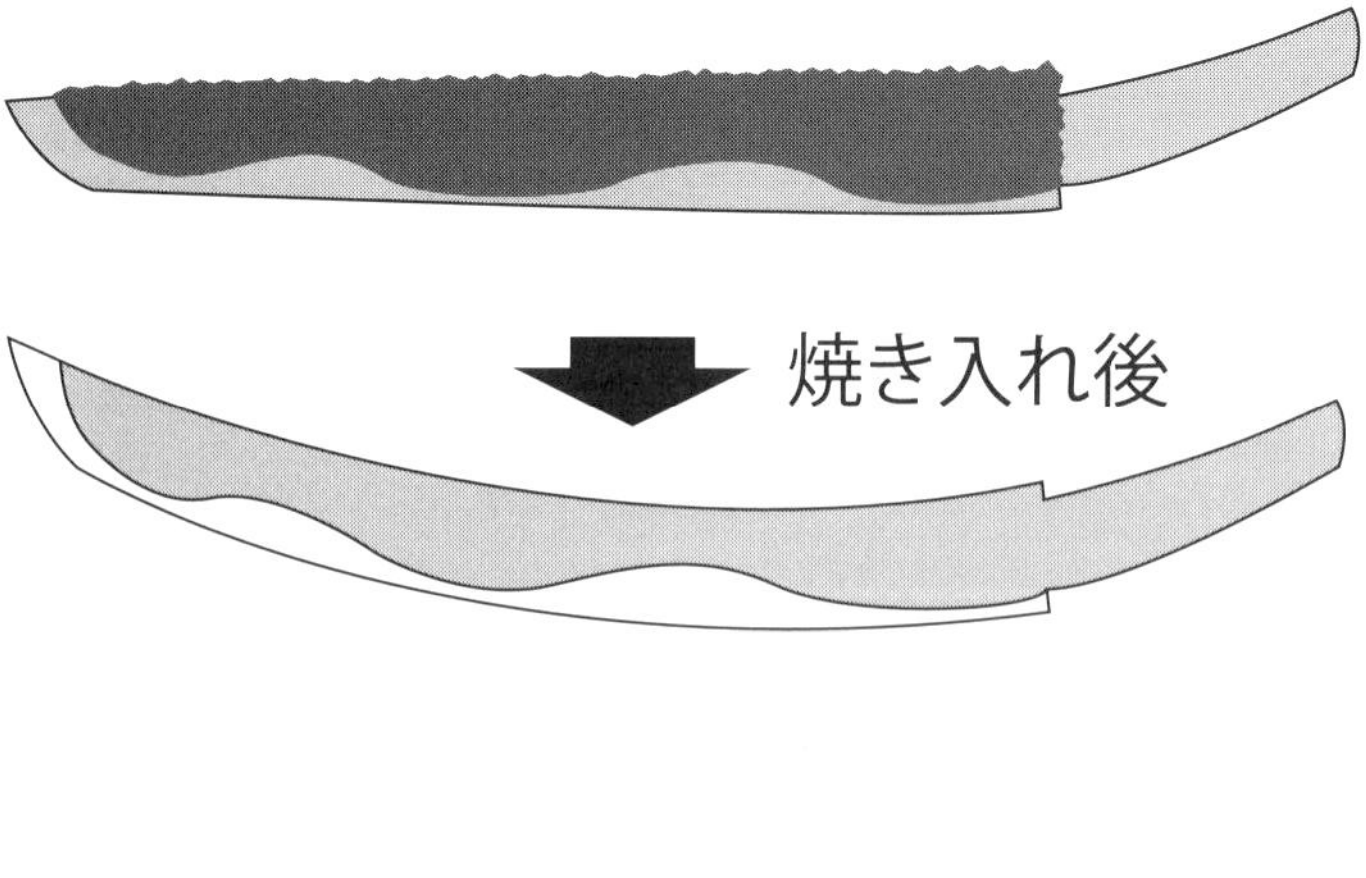

そのため焼き入れ性が非常に悪く、急速水冷をしないと焼きが入りません。（現代製鉄の鋼には用途によって、焼き入れ性の良くなる元素、摩耗に強くなる元素などを適宜加えてあります。赤くなるまで熱してそのまま放置（空冷）しただけで焼きの入る鋼もあります）

玉鋼の焼き入れ性の悪さがあるからこそ、焼刃土を塗ることで自在な刃文が焼けるともいえるでしょう。

三　大鍛冶と小鍛冶

小林康宏先生の低温製鉄とは、登り窯様の自然通風操業理論で、実際に操業実験も行っていました。残念ながらこれも、ロマンチックな古代への憧憬に近いものだったと思います。自然通風を利用した炉もあったのかもしれませんが、考えただけで風量のコントロールが難しそうです。

九州に戻ってたまたま目にした熊本菊池在住大塚惟忠刀匠の、延寿風の作品の地鉄の美しさに魅了されて、教えを乞うたところ快諾され、習ってきたのです。しかし私の作った鉄は、たしかに古くは見えるのですが、古刀期でも本場から完全に外れた、田舎の三流刀工の地鉄《じがね》にしかならないのです。（方法は同じでも、砂鉄が違うと全然違う鉄になります。仁義から大塚刀匠とは違うところで採れた砂鉄を使っていました。）面白いと言ってくれる愛刀家も少なからずいたのですがとても満足できませんでした。

そのうちに先に触れた、広島県庄原で独立開業した久保吉博刀匠が自家製鋼の研究を本格的に開始し、見事な鋼を量産するようになりました。私も技術を習得しようと中国山地の奥深い山里にある彼の鍛錬場を訪ね、製鉄の様子を見学しましたが、かえってやる気を失いました。

その理論の確かさ、技術の高さに「これは俺なんかの出る幕ではないわ」と悟ったのです。

思うような地鉄を得るために、砂鉄を試し、吹き方を変え、また鍛錬法を考えていったら実験すべき選択肢が多すぎて、時間がいくらあっても足りません。鉄の加工、作刀、研ぎあげて結果を見るまでには一年近くを要するでしょう。相当な執念と的確な理論を組み立てて行くだけの能力が必要です。自分はその任にあらずと撤退を決断したのですが、これはよい決断だったと思っています。人の後を追いかけても後塵を拝するだけ、若さのアドバンテージがあればこそですが一度しかない人生を無駄にはできません。

以降、玉鋼、卸鉄を使った鍛錬でよい地鉄を作り、焼き入れ技術を磨いて古名刀にせまる方向に舵を切り、自家製鉄、製鋼は一度もやっておりません。

鉄、鋼を生産する製鉄業者をかつては大鍛冶と呼び、それを加工する刀鍛冶、野鍛冶を小鍛冶と言っていました。小鍛冶の業も怪しい私ごときが、大鍛冶にも手を染めては両方中途半端に終わることは目に見えていたのです。

公益財団法人日本美術刀剣保存協会が運営する日刀保たたらで、玉鋼を量産しています。ほかに選択肢はなかったのですが、その鋼を生かす鍛錬法を試行錯誤のすえ編み出しました。詳細を述べることは差し控えますが…。この鋼（日刀保玉鋼）は鍛え方によっては、戦前の靖国玉鋼などよりよほど古刀の地鉄に近づくのです。しかしこの鍛錬法では作品にばらつきがでます。まだまだこれは、と言える方法は確立できていません。

四　鍛錬～鋼を練る＝均質に整える

そもそも刀造りの根幹をなすと思われている鍛錬ですが、かつて幕末の名工水心子正秀（すいしんしまさひで）が、「よくできた卸鉄（おろしがね）ならば一鍛を加えずとも可」と書き残しています。

（卸鉄―おろしがね―玉鋼をつぶすときにこぼれたくずや、玉鋼でも炭素の含有の少ない三級品、逆に炭素が多すぎて銑鉄になった部位＝ズク、などを炭火に投入し、溶かし固めることで炭素を含ませ、十分な硬さの鋼にすることです。逆に高炭素の鉄の炭素を燃して柔らかく卸すことをズク下げといいます。）

一鍛も加えずとは鏨《たがね》を入れて折り返すことをしない、ということです。

いつの頃だったか、この無鍛え刀を数名の刀鍛冶が試作していました。関の某刀匠はそのずっと以前からこれを得意とし、私も見学に行ったことがあります。20年以上前のことですが。いずれも古名刀の潤いのある肌を得んがためにわざわざ大変な思いをしているのです。無鍛えも様々、均質で比較的大きな鋼塊を、沸かして疵ふくれを沸かしとりながら延ばしてゆく、あるいは小鉄片を少しずつ積み沸かしてくっつけて大きな塊にしてゆく、などの方法があるようです。そのほか、有名刀工で極端に少ない折り返しで知られているのは山形の上林刀匠です。直接にホンのさわりを聞いたことがありますが、実際はどうなのでしょう、なんとなく想像はつきますが。やはり見事な地鉄の刀を打たれています。

たたら製鉄は、純度の驚異的に高い鋼を生産できますが、工業製品との決定的な違いは組織の均一さがないことです。溶鉱炉では炭素を十分に含んだ銑鉄にまで完全に溶けた状態で還元し、効率よく製鉄するわけですが、ここですでに炭素の分布は均質です。そののちの工程が精錬、酸素を吹き込み炭素量を調整し、他の非鉄物を排除する処理を行って溶けた鋼にします。それから圧延などの工程を経て製品としています。鍛錬とはすなわち、この精錬にあたるわけです。炭素のばらつきは製品の完成度に大きくかかわります。硬さが不均一な刀など考えられません。無鍛え刀は無理があるように思います。

日刀保玉鋼でも一級Aという最高ランクの鋼では、目がよく詰んで均質、多くの鍛錬を要せず

小鉄片を積み重ねて熱し、刀の原材料を作る「積み湧かし」の作業中。

ともよい地鉄になります。しかし、そのまま刀にするには若干炭素量が多すぎると感じます。焼刃の硬さを決める要因としては炭素量の多寡が最も大きいので、鍛錬の目的の一つには自分の好みの硬さの鋼を作るということがあるともいえると思います。鋳物を連想していただければわかると思いますが、一般的に炭素量が多いと硬いけれど脆くなります。

鍛えこんでゆくと鋼の炭素が燃やされ、かなり脱炭します。これは火の強さ、風の強さにも大きく影響を受けますので、折り返す（切る）回数だけで決まるわけではありません。

吉原國家先生は鍛錬の名人として知られています。しっかり沸かしていても鉄はほとんど燃えずしたがって脱炭もあまりないらしいです。炭に風を送って火をおこしその熱で鋼

脱炭

鋼を熱していく中で、鋼中の炭素が燃やされて減少して行く。含有炭素量を減少させることを「脱炭」と呼び、結果として硬度が落ちて靭性が増す。つまり、熱し方一つが鋼の質を決めて行く事につながる。

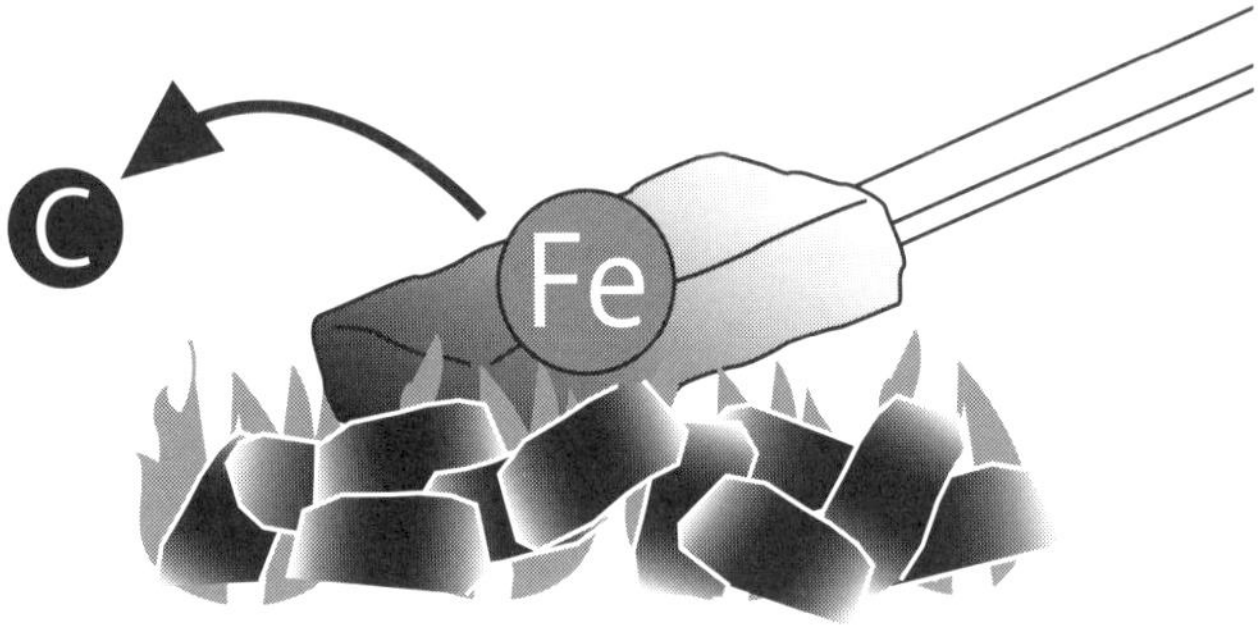

を鍛着できる温度に持ってゆくのが刀鍛冶の鍛錬ですが、この巧拙は鋼に与える影響が大きく、刀鍛冶の腕の良しあしをきめる重要な要素と言ってよいと思います。

正直なところ私はちょっと甘めに見て普通、名人レベルからすると下手な部類に入ると思います。

河内國平師の下で学んだ宮入一門の鍛錬は、逆に名人芸よりも鍛錬の条件、炭の大きさ、量、風量などを丁寧に決めて忠実に再現してゆくことで、レベルの高い鍛錬を安定して実現していると考えています。私の鍛錬はちょっと中途半端なのかな、と思いますが、素材の良さを最後まで保つための、あまり火をつけない（燃やさない）低温での鍛錬を心がけてはいます。

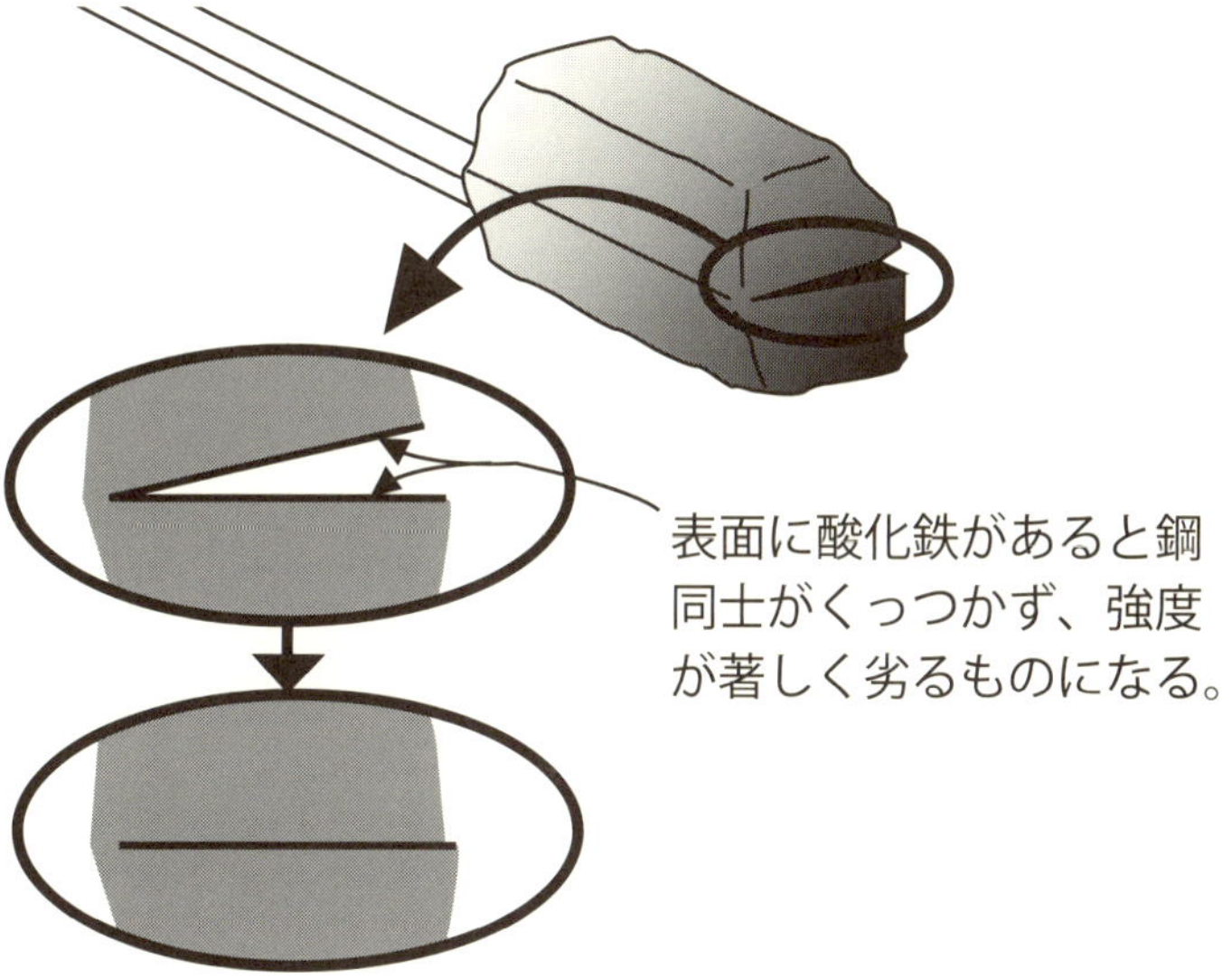
表面に酸化鉄があると鋼
同士がくっつかず、強度
が著しく劣るものになる。

全く隙間なく磨いた鉄を合わせると電子の交換がおこり完全に一体となってはがれることはないそうです。実際にはそんなことは地球上ではなかなか起こりえません。なにしろ鉄は酸素に触れるとあっという間に酸化します。光沢をはなっている鉄は酸化の度合いが少なく、光を透過する、というだけです。先に述べた通り、酸化鉄は鉄ではありませんので、たとえ1ミクロンでも酸化鉄の層があったらくっつかないわけです。（いや、そのくらいの距離だったら飛び越えてくっつくかもしれませんね。詳細は専門家にお訊ねください）

理想の鍛錬とは、この表面に生じた酸化鉄だけを溶かす温度に平均に加熱、加圧して酸化鉄を絞り出しむき出しとなった鋼同士が密着する、という理解でよいと思います。上手に加熱することが完璧な鍛着（合わせ目がほとんど見えない）には不可欠です。炭素も減らず（柔らかくならない）鉄も燃えないので減らない、吉原國家先生の神業の鍛錬はそういう現象が起きているに違いないと思っています。

私たちのように、極端に炭素量の違う鋼を合わせても理屈は同じなのでしょうが、高炭素の鋼は比較的低い温度で溶けだすので、私程度の沸かし（鋼が鍛着する温度に加熱する、またはその温度に達した状態にする業をこう呼びます。あいつの沸かしはうまいとか、へただとか。）では容易ではありません。

表面に金肌《かなはだ》（酸化皮膜）が厚くついた素材ですとそれを溶かしきれず鉄に混ざり込み、当然鍛着していませんから疵となって残ります。しかし均質できれいな素材のみを合わせると、刀となって表面を研磨したのちに現れる肌に面白みが欠ける、と思っています。これは各自の美意識なので、どちらがいいということもないでしょうけれど。

研ぎ減ってボロボロになって、生命の終わった古刀を卸鉄《おろしがね》（炭火で溶かして炭素を加え、再び鋼として再生させる）をすることがあります。その際溶かしやすくするために短く折るのですが、バイスにかまして折り曲げても簡単には折れません。名だたる名工の刀を折った経験はもちろんなくほとんど摺り上げ無銘の刀でした。しかし古刀ならば差はありますがほぼすべてでこの驚異的な粘りが見られます。（この場合、室町期の刀、脇差だろうというのは、私見に過ぎません。

刃こぼれがひどく、状態の悪いもの、研ぎ減って刃文の欠けだしているあるいは江戸初期のものもあったかもしれません。）

刃部の硬度の高さとそれ以外の粘りは、武器として悪しかろうはずがありません。私もなんとかこの粘りに迫るために研究しておりますが、どうやら生まれでた原初の状態が問題らしく、下ろしても（溶かしなおして鋼にしても）よい性質はあまり損なわれないような気がいたします。

いずれにしても、作家は研究者とは違いますから、作刀の基礎であり要である鍛錬についてもっと知りたい人は専門書にトライすべきでしょう。

かつて日本美術刀剣保存協会のたたら課長だった、鈴木卓夫博士の著書など面白い書物が結構出ています。

感覚的には強火（風）で強い沸かしをかけ、脱炭させる（鋼が燃えて小さくなる）ような刀鍛冶は、硬軟混ぜた肌ものを狙う傾向があるようです。斬れ味はあまりよくない、と私の経験では思います。炭素量の高い比較的均質な鋼を鍛錬する場合はそれよりは低い温度（弱い風）で鍛えてゆきますが、このへんの微妙なふいごの吹き加減は説明が難しいですね。

小林康宏師の密閉炉は、炉中の温度を保ちつつ酸素の供給を減らし、酸化を最小に収めようとする、宮入流（河内國平師の鍛錬場で見たもの。他の宮入門下の仕事は知りません。）の理想形を求めたものだったと思っています。

刃味（斬れ味）のよい、匂い出来備前風の焼き入れには、詰んだ均質な地鉄がよいと昔からされています。肌ものは刃先の硬度が若干低くなるようで刃味は芳しくありません。

刃味＝戦う日本刀の必須ではないというのは、私の考え方ですが、試斬家には大事なポイントなことは論を俟ちません。

五　日本刀の姿

日本刀の姿は時代、戦法、武士の在り方によって変遷し、刀剣鑑定を学ぶ上ではまず日本刀の姿の変遷を学びます。

戦う日本刀の章で触れましたのでここでは補足を。

平安時代に、反りがあって鎬作りという日本刀の独特の形状が形成されました。大陸からもたらされた直刀の切刃造りから鎬造りの日本刀に移行した歴史的経緯は定かではありません。想像すると、分捕った蕨手刀（大和朝廷勢力北進で勢力争いを繰り広げていた蝦夷の武器。平造りで少し反りがあり、脇差程度の長さ）の斬れ味、使いやすさを知った武者が、思いついて、「ちょいと大刀に反りをつけてくれ」などと依頼したのではないでしょうか。

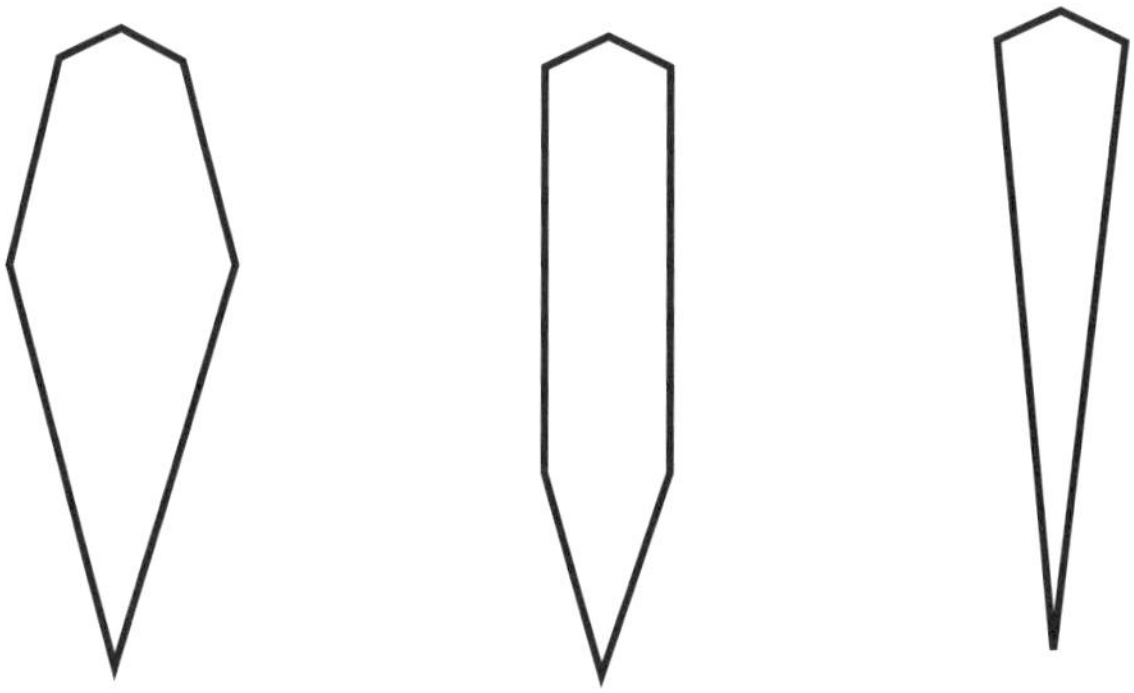

あるいは馬上での抜き差しのためだったかもしれません。抜刀の際は片手で操作する必要がありますが、特に手綱をもってる場合無反りでは扱いにくかっただろうと想像できます。

反りを付けることには刀鍛冶はなんら違和感を覚えなかったでしょう。刀身を小槌で整型する火造りにおいて、刃を打ち出せば自然に反りがつきカーブしてゆきます。むしろその反りをそのたびふせ、刀身を真っ直ぐに保つ方が難しいものです。焼き入れたら自然に反りますから、あらかじめ少し内に反らしておく必要があり、また研ぎつけるとフサるので、その加減は難しいものです。

帯にぶら下げた太刀を佩く、帯に差す刀いずれも集団による戦い、合戦にはあまり向いていません。個々の戦い、個人的なケンカや小規模の小競り合いでは刀、太刀を抜いての斬り合いも少なくなかったでしょうが。

六　焼き入れ

　作刀のどの工程も、全部大事ですが、とくに刀鍛冶になるための試験でみると、素延べ火造りというところがきちんとできている人はまず落ちることはないようです。

　うらをかえせば鍛錬、焼き入れというところはベテランでもコントロールが容易くなく、試験会場のような環境では完璧を期すのは無理ですから、結果よりも途中の所作などが理にかなって習熟しているかを見ることになり、きちんと修業してきたらなんとか乗り切れる方が多いようです。しかし素延べ、火造りは正確に叩くという、刀鍛冶の基本中の基本ができていないとどうにもなりません。しかしここで足をすくわれるのはあまりに残念です。難しい鍛錬につい目が行きがちですが、手槌で平らに叩くことは1年やそこらでは出来ませんから、修業中の諸君は、師匠の仕事だけでなく、小刀を作ったり鉄筋をたたいたり、スキルの習得に努めていただきたいと思います。

　ともあれ焼き入れです。

　私が唯一、日本刀の作家、刀鍛冶として胸を張れる工程で、大概の刃文は焼くことができます。赤めて（熱して）急冷させる、熱処理を焼き入れと呼ぶのですが、日本刀に、いえ、すべての鋼刃物に命が宿る瞬間が焼き入れです。

焼き入れの難しさ

焼き入れは、熱した鋼を水に入れて急冷するため、当然ながら急激に収縮するので、“割れ”が生じる可能性がある。

焼き入れには、「鋼を何度まで熱するか」、と「何度の水で冷やすか」、の双方に適正な温度というものが限定されており、刀工の工夫のしどころ。

鋼が何度まで熱せられたかは“色”によって見極めなければならないが、刀状に成形した鋼全体をまんべんなく同じ温度にするのも、重要な技術。

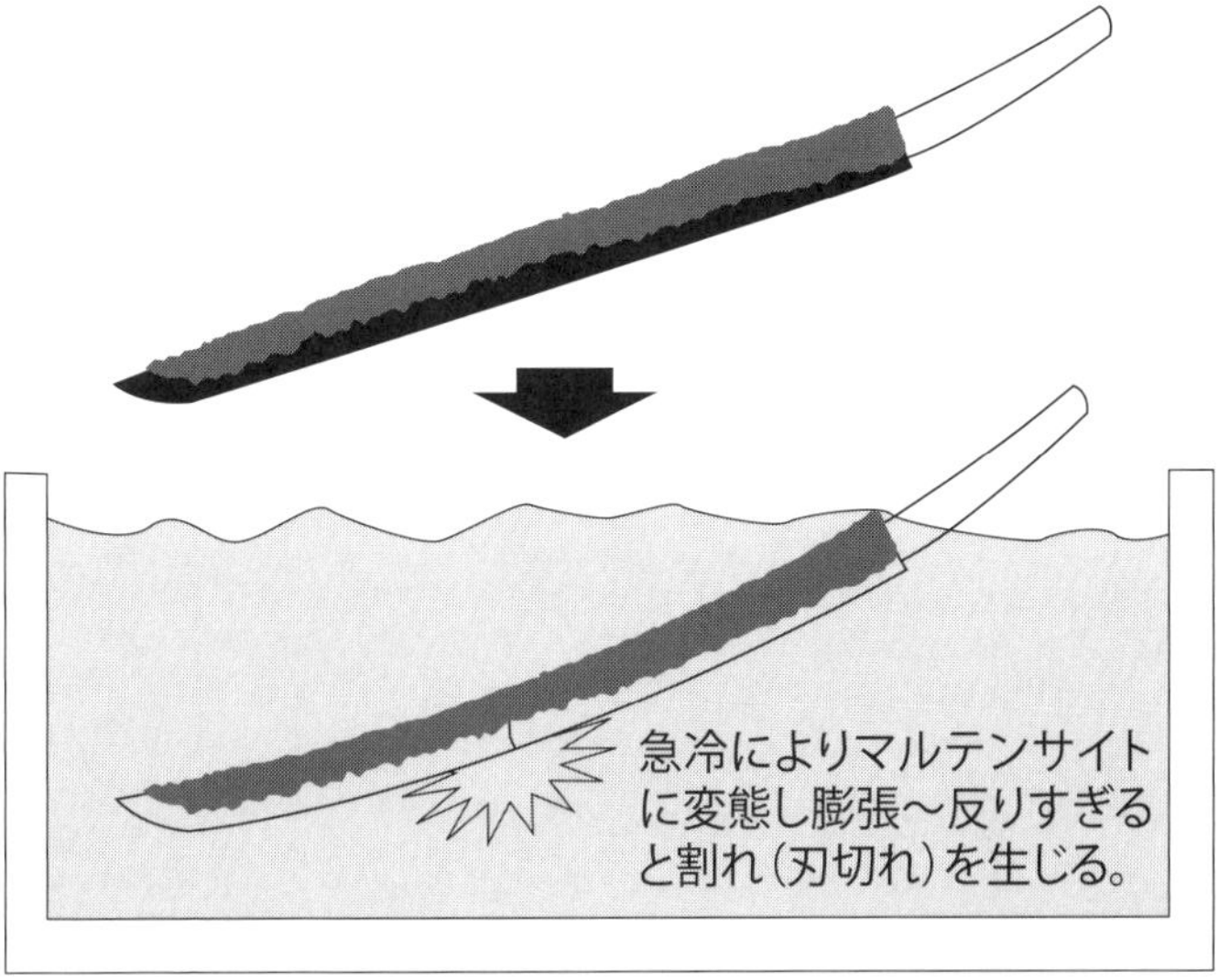
急冷によりマルテンサイトに変態し膨張～反りすぎると割れ（刃切れ）を生じる。

刀身も、硬くなり、ものを断ち切れる強さが生じますが、同時に焼きが入ることではじめて研磨したのち美しい輝きを放つようになります。焼きの入っていない鋼はいくら良い地鉄でも全く美しくありません。そこが、ダマスカススチールなどと大きく異なるところなのです。硬軟異なる素材（玉鋼と卸鉄とか、古鉄の卸鉄とか、あるいは自家製鉄など、炭素量、硬さだけではない性質の違いがあります。）も鍛錬して整形して表面の黒皮（酸化皮膜）を取り去ってしまうと、どんなに研いでもただの金属光沢、にぶい銀色しか見えません。しかし焼き入れ後に研磨しますと、沸《にえ》と言われる光の粒が大小濃淡、様々に躍動し、刀剣美を現します。

刃味、ということでは、私の経験では柾鍛えに広直刃をしっかり焼いて、地沸《じにえ》を付けたものが一番良いようです。卸鉄入れず、玉鋼の上等のところを、火をつけないように（燃やさないように）丁寧に鍛え、柾で、芯鉄《しんがね》を入れないように作っています。

居合刀は、薄く軽く作りますので、焼き刃は高めに硬度を持たせています。硬いものを斬ったら折れるかもしれないので、百万が一斬り合いに使用するときは抜き技を多用して刀身を打ち合わないように、という注意はしたことはありませんが…。居合の精妙な技を習得するに最適の道具に、焼刃もなっているつもりです。

刀鍛冶は自分の作りたい刀、刃文を想定して地鉄を選択し鍛錬します。したがって、最も難しい二つの工程、鍛錬と焼き入れは不可分の関係にあり、どちらが下手でも刀工としての名は残せないでしょう。

《第4章》

日本刀と共に生きる

一 日本刀と修羅

おそらく人間が不幸であるのは、己の修羅心（争いの心）に翻弄されることが大きい要因だと思います。他者との優劣を常に競う、修羅、エゴイズムの中に平穏はありません。

進化の頂点に存在するといわれる私たち人間ですが、様々な道具や言語を使い他の動物を圧倒する力を持ってはいても、修羅に終始するうちはその営みの目的のほとんどが、野生動物となんら変わるところはないようにも思えます。人類社会では有史以来戦争が絶えることなく続き、己が欲求を満たすため、単純な暴力と恐怖から複雑な経済的社会的抑圧まであらゆる手段を使って他者を支配しようとするエゴイズムが渦巻いているように見えます。無関心や享楽主義も形をかえたエゴなのでしょう。

エゴはあらゆる暴力の源のように思えます。そして暴力は様々な悲しみをもたらし、悲しみは憎しみを生み、増幅し合って激しい争いをもたらしているのは、日常目にしている世界の現状そのものです。まさに修羅そのものの姿です。

たかだか刀鍛冶風情が論じるような軽いテーマではないことは重々承知いたしておりますが、日本刀、日本武道の狭い世界を考える上でも、この、人間のエゴイズムの相剋（私はそれを修羅

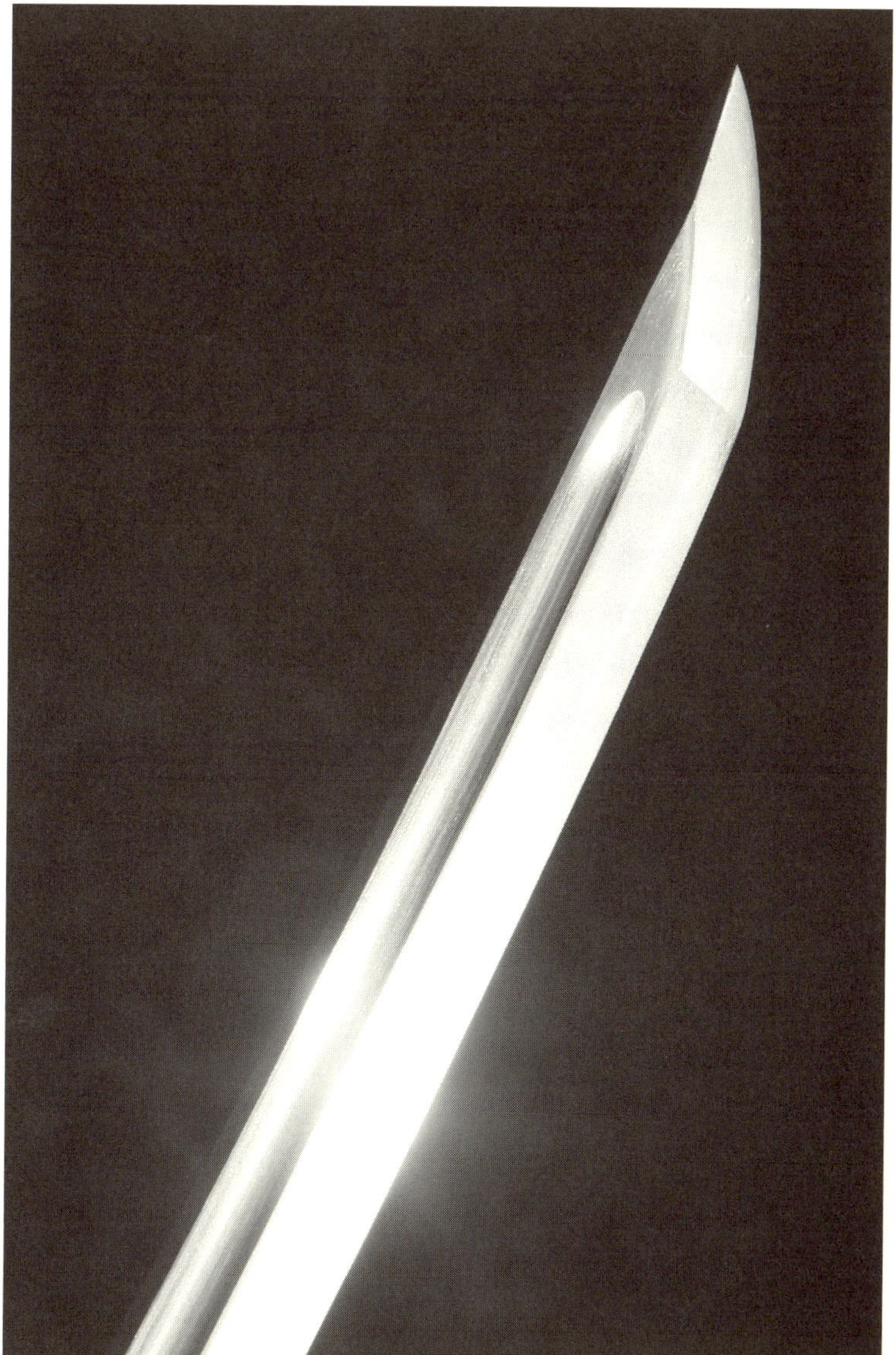

エゴイズムを断ち斬る。日本刀にはそんな役割もあります。

と呼んでいます）を正視することは極めて重要で不可欠なのだろうと、私は常々考えているのです。さらにいえば人間の修羅、己の心にある修羅心をとことん考えてゆくことは、日本の武道そして日本刀を考えてゆくことに他ならないと。そして日本刀はそれを斬って捨て、真の幸福を拓く道具であるとも。

個人的にせよ民族的にせよ、エゴイズムによって数限りない悲劇がもたらされ、現在もまったく減少することなく繰り返されている現実を目の当たりにすると、無力感で絶望し、目をそむけたくなるのは、普通の人ならば当然のことでしょう。

全人類を平和で幸福な社会に導いて行く壮大な志をもって活動している方々も少なくないようですが、（多くは宗教家みたいです）小惑星激突くらいの大変事でもない限り、まず不可能だと私には思われます。植芝盛平翁も地上天国という大目標を掲げて合気道を創始され、その心をまっすぐに受け取った砂泊諴秀先生は合気呼吸力をもってその道を開くのだと教示しておられました。

しかし、人類史上あれだけの数の聖人、教祖、神人がいたと伝えられているのに、現実社会はそのまま修羅の世界です。百年前より現代の方が良いと私は思いますが、そう思わない人々も世界には大勢存在しているようです。そうであるならばせめて自分とその周囲だけでも「修羅の世界」から抜け出し真の幸福な人生を全うしたいではありませんか？　自分の幸福を求めるのはエゴではないでしょう。他者を押しのけて得られる一時の愉楽は真の幸福ではない、とはまともな大人なら誰でも知っていることです。

合気道はその成り立ちから宗教的な側面が強く、特に万生館の砂泊誠秀先生は「この武道は武道であって宗教である」という開祖のお言葉を引用し、事あるごとに「合気とは愛」と説いて、その思想そのものの争わない心が闘争心に暖かく打ち勝つ奇跡の業を、自ら手を取らせて弟子たちに教示されていました。

（修羅で愛を悟らせる、これは人類史上空前絶後の究極思想であると喝破したのは、前出の医師にして武術家、空海研究家でもある矢山利彦先生です。）

しかしいままで再々述べてきた通り、合気道だけでなく現代武道、大方の古武道には少なからずエゴに打ち克ち精神的、霊的な部分を発達させ真の人間らしさ(human being)を培う、人類史上稀有なセルフエデュケーション（百錬自得）の方法が残されているのです。この思想は合気道ほど明確ではないにしろ、「交剣知愛」とか「自他共栄」など、柔剣道でも使われる言葉にも現わされています。

この人類史上大変稀有な精神文化、広く武士道と言われているものと重なると思いますが、おおげさでなく人類の宝といってもよいと思います。（自己啓発、自己革新の方法は、公に殉ずるを旨とした武士、サムライの生き様に見て取れます。侍は朱子学で知的にも学びましたが、武術とくに剣術から身体を通じて学んだことも多かったはずです）しかし武道家といえど試合（稽古、

合気道には、〝闘争心〟とは真逆の理念があります。

果し合いではなく）という勝負の愉悦を知ったのちは、修羅を弄ぶ人間の浅い劣情にあっさり敗れ去ってきて、人間洞察の道を自ら閉ざしているようです。たいがいの人間はあらゆる勝ち負けの興奮がもたらす脳内麻薬にとことん弱いようで、かくいう私もさっぱりいけません。優劣、強弱を競う面白さにどっぷりはまり、スポーツ競技を観戦するのが大好きですし、各種武道、格闘技の興行試合、相撲なども好きで時々は見ます。

結果、武道に内在する義に殉ずる心（真の human being）が、浅い修羅の刹那の快楽に埋もれ、武道家とは言えぬ、いわゆるアスリート、武道格闘技者ばかりになってゆくのでしょう。いかに精緻で力強い技を使えたとしても、審判がいて勝ち負けがルールによって決められる戦いは、スポーツという遊びにすぎないのです。武道の争いは敗れれば即失命もしくは重大な損害を被る、絶対のリアリズムがあるのです。この争い、極限の修羅は、凄惨で容赦なく、あらゆる理屈を焼き尽くすものですが、だからこそ、勝ち抜くために生命、ついには人間そのものを深く深く追求し、ついには人の修めるべき道を紡ぎだしたものだと思います。なぜなら死はすべての終わり、それを絶対に避けるには争わない方が良いに決まっています。武士道とは死ぬことと見つけたりとは、山本常朝の葉隠れの有名な文言ですが、お家大事の忠義でなく、人の修羅の道、武道は「死ぬことに見つける」ものだと私は考えています。

残念ながら私自身は、全く浅はかな修羅から未だ抜け出ていない凡愚です。醜いエゴを生む、武道の追究するものは〝生命〟そのもの。争う事よりもむしろ自分自身の〝死〟を見つめようとするものです。

妬み、嫉みなどは少ない方だと思いますが全くゼロではないですし、私の憧れ、義に生きる現代のさむらいにはこの歳になってもなり得ていません。猜疑心と戦いを日常としている本物の武術家からも遠い、能天気な鍛冶職人で武道好きのおっさんというのが、私の偽らざる姿です。

日本刀も戦いの道具としての優劣ではなく、美を競う霊器として進化してきたことは間違いない歴史的事実として、我が国がもっとも誇るべき精神文化遺産だと思いますが、それはいつも本来の戦う道具としての、つまりは斬れ味鋭い武器である前提の上に成り立ってきました。

名物の由来も誰それを斬ったの薬研を突きとおしたのという殺伐な由来が多く、やはり武士は刀を持って殺人に及ぶことを厭わぬ人々であったのです。(名物=めいぶつ。様々な来歴、エピソードから個々の刀身についた呼び名。享保名物帳が有名。包丁正宗=ほうちょうまさむねとか、大般若長光=だいはんにゃながみつ、のように呼ばれています。国宝や重要文化財、御物(ぎょぶつ。天皇に献上されたものなど。宮内庁で管理されています)になってる大名刀が多いです。)

これはちょうど合気道開祖植芝翁やわが師、砂泊誠秀師のごとくまねのできない底知れぬ業があってこそ、その思想に真実の輝きが宿り、多くの人々を引き付けてきたところに重なります。

そもそもの我が国の刀は、大陸から伝えられた単純な武器から始まりました。日本のすべてが和風と変化した平安時代に、日本刀もまたそれまでとは大きく異なる姿に変化、さらに美しく美しく進化し、それ自身の価値を飛躍的に高めました。その変化は、個々人の闘争の道具から武家の価値観や倫理観、広く武の思想を象徴する存在への変貌と言ってよいかもしれません。

しかしそれほどの高みに上りえた刀鍛冶、武士はやはり多くはないのでしょう。何百年伝え続けられた古典文学や芸能のように、何百年も大事にされた名刀はその時代時代の最高レベルのものがセレクトされ大切に保存されてきたものだと考えると、消えていった凡作、凡工は膨大な数であったはずです。しかし、美しい刀が尊ばれる、という、戦いの理論には全く合致しない日本刀の思想は確かに育ち、受け入れられてきました。

ここに面白い押し型があります。江戸初期の薩摩の刀工飛騨守氏房《ひだのかみうじふさ》のなぎなたです。その銘に「下手なれど大物切れ、酒は呑子と大上戸」…戦いに明け暮れた戦国時代の記憶が生々しかったはずのこの時代ですら、斬れるだけでは上手と言えないのが刀工であったのです。

飛騨守氏房によるなぎなたに入れられていた銘。「下手ナレト大物切酒ハ呑子ト大上戸」（財団法人日本美術刀剣保存協会 鹿児島県支部 岩切安義 発行『薩摩刀名作集』より）

二　日本刀が斬れる理由、美しい理由

やはり、日本刀というのは特別な構造をした武器だと思います。一枚の鋼の上に刃文があって、刃でない、焼きの入っていない地鉄の部分が弾力を持っている。刃の部分の硬さと地鉄の弾力性が共存している、この構造ならではの強度があるからこそ、身を薄くできるのです。

身を薄くすると、操作性が良くなる。スピードが出せる。これによって、刀の操法も左右されてきます。非常に精緻な刀捌きになってきます。それは、今に残る剣術や居合の刀法にも見てとれます。

こういう構造をしている武器は日本だけです。それは、この構造を作り上げるのが非常に難しいから。もの凄く難しい事なのです。

古い時代は、炭素量が少ない鋼を使っていました。おそらくずぶ焼き（土を塗らないで刃のところだけ熱して焼き入れする方法。名刀の多くはこの方法だったであろう事が刀剣界の常識になっている。）だったろうと思います。

それが、炭素量の多い上等な鋼に変わっていった時期に、ずぶ焼きすると全部に焼きが入ってしまって、折れやすいものになります。それを、焼きが入りすぎてしまわないためにいろいろ

弾力のある地鉄と硬い刃が共存する強靭な構造により、薄く細い刀身が成立し、それによって操作性が格段に向上しました。

な工夫をしたと思うのですが、それはもう、もの凄く難しい。

私の周りにも、ずぶ焼きに取り組んでいる方がいて、傑作を残しました。でも、30年近くやって、数本です。

名刀になる可能性は秘めているのですが、もの凄くリスクの大きい方法なのです。

そこで、焼刃土というものが考え出されたのです。これもおそらく日本にしかない方法だと思います。

とは言え、それでも簡単ではありません。土を塗って、火に入れたら縮んでヒビが入ります。ヒビが入ってしまったら、そこは熱せられる訳ですから、焼きが入ってしまいます。

そこで考えたのが、石を入れるという事でした。砥石を細かくしたものを混ぜ込んで、焼いても縮まないようにしたのです。おそらく、百年単位のレベルで試行錯誤が繰り返され、その結果、この方法に辿り着いているのです。

刀の産地は、ほとんどが陶磁器の産地です。つまり、土についてよくわかっている者がいた、という事が重要だったのです。

一方、〝刀の美しさ〟というものにも、地質的要因が大きく関わっています。

刀に美しさを求める、という方向性を生んだのは、何と言っても「砥石」の存在だったと思います。

古来、剣は神の依り代でした。神の依り代、というと、鏡玉、剣、共通しているのは〝光る〟という事です。そのための「研磨」には特別な意味がありました。

焼き入れをした鋼を研磨したら、特別な光を放つようになる事を誰かが発見し、その光に感動した。きっとそこが原点にあったと思います。

「研ぐ」という単語が、そもそも日本特有のものです。日本でいう「研ぎ」は、目を細かく、光るようにしていきながら斬れるようにしていく、というもの。でも、英語ならば単に鋭くする〝Sharpner〟とか。磨く〝Polish〟、という事になってしまいます。ちょっと違いますよね。

刀の研ぎに使う「名倉」という砥石がありますが、これを使うととてもきれいに光りますけれども、砥石目が残ってしまいます。すると、どうしてもそれを消したいと思う。それを消す細かい砥石を見つけて研いでみると、刃文と地鉄の凄い模様が出てくる訳です。

日本は砥石に恵まれています。それは、日本列島の成り立ちに秘密があります。日本の東の方は比較的最近隆起した、という事をご存知ですか。九州の方は火山活動で先に隆起してきましたが、東の方は海面下で、大陸からの削られた細かい土が堆積していきました。それが何千万年前か、突然隆起したのです。大陸の良い粘土が堆積していたので、その結果として良質の砥石に恵まれる事になりました。上質の粘土質が堆積したものでないと、きめ細かな柔らかい研磨はできません。そういう所は、けっこう世界的にみても少ないのです。

日本刀のように、地が黒くなっている武器は世界的にみても見当たらないと思います。これは「研磨」の結果です。いわばこのように〝化粧〟をしているものなのです。普通に研いだら、地と刃で少し差がある程度、ほとんど全部白いのです。ところが砥石をかけると、地が黒く、刃が白く浮き上がってくるのです。そういう研磨をやっている所は、日本にしかないと思います。土置きも同様です。

名古屋の徳川美術館に津田遠江長光《つだとおとうみながみつ》など、徳川家の名刀が所蔵されています。これらにはとてもきちんと記録が残っています。当時、御刀係という役目の者がおり、錆でも入ろうものなら切腹ですから、手入れを怠りませんでした。その、現在所蔵されている刀で、最後に研いだのが、確か江戸中期くらい、というものがあります。ここ200年以上は研がれていない訳ですが、それが地肌が非常にきれいに浮き上がっているのです。当時にして相当な研ぎだったのだと思います。

特別な構造、特別な技術、特別な地理環境、さまざまな要因が相まって、日本刀は類い稀なる性能と美しさを備えた武器となりました。しかし何よりそこには、日本人独自の〝感性〟が寄与している、そのような気がしてなりません。

三　合気と刀と無敵の境地

開祖の残した「合気道の精神」と題する一文があり、万生館では稽古始にこれを必ず奉読していました。

「合氣とは愛なり。天地の心を以てわが心とし、万有愛護の大精神をもって自己の使命完遂することこそ武の道であらねばならぬ。合氣とは自己に打ち克ち敵をして戦う心無からしむ、否、敵そのものを無くする絶対的自己完成の道なり、而して武技は天の理法を体に移し、霊肉一致の至上境に至る業であり、道程である。」

それを身体を使って技で体現されていた開祖や砂泊誠秀先生の偉大さには今更ながらに敬服します。

日本刀の美しい刀身が瞠目の斬れ味を生むように、全力で掴みかかった私を3メートルも吹っ飛ばす摩訶不思議な砂泊先生の業、その強さがあったからこそ砂泊誠秀の合気道の精神は今なお燦然と輝いているのでしょう。

私は、人間という存在が、目に見えている肉体の部分だけではなく、もっともっと深い、霊的な存在であることを、細身の砂泊先生に放り投げられて文字通り体得したのでした。そこから私の刀作りも大きく変貌してゆくのです。

合気道が剣の要素から作られていることはよく聞くところですが、私の場合、合気道の修業と、指導法の工夫の中で逆に剣、剣術を再発見できたようです。

合気道といえば演武に見られる、華麗な体捌きによる派手な投げ技の動きに目が行きがちでしょうが、私は万生館の砂泊諴秀先生にその大元にある呼吸力こそが合気道の核心であり、それは先に述べた通り合気道の精神を体現したものであることを学びました。

しかしその体得は非常に難しく、長い時間と修行者の性格、環境などに左右されるようで、何十年も合気道にどっぷりつかってきた同輩、先輩でも師の入神の域に達し得た方は皆無、とてもかなわないと思えた師範も数えるほどしかいませんでした。

合氣とは愛、と奉読しながら、修羅から抜け出せないと万生館の業はまさに絵に描いた餅、全く力のなく意味のないものに終始し、高段者でも中途で修業をやめた方も少なくなかったのでした。

私は、万生館合気道を熱心に稽古しながら、秋吉影流を学び、周囲を竹林で囲まれている好条件もあり、割れや疵の出た刀を荒く研ぎつけては試し斬りを数限りなく致しました。

その稽古を通じて、万生館ではほとんど言われなかった氣の重要性に早くから気づいていて、合気道の稽古の中でも多用していたのを思い出します。(万生館では呼吸力という合気道で昔から使われている言葉が、合気道の根本を現すものとしてよく使われていました。現在ではこれは力によらず〝氣〟をもって制す。本当に強靭なものとはどんなものか？　そんな武の本質が合気道にはあります。

氣の使い方の一種であろうと思っています。）

ひょんなことからバイオリニストの古澤巌さんに個人的に合気道を教えるようになり、そのために毎月上京しはじめてもう十年近くになります。今では東京にも20名近くの会員がいて、熱心な方が多く、楽しく稽古を続けています。また数年後、佐賀矢山クリニックにも合気道教室を作ってもらってやはり20数名の方々に丁寧に合気道と居合、剣術を教えています。地元宮崎でも細々とですが、週二回の稽古を続けています。会の名称は「大和劔心會」…日本刀のことです。研ぎ澄まされた強靭な刀身が、心和む刃文、楽し気な地鉄をもって美しく輝く、そんな風に研鑽して行きたい、という願いがこもっています。

武道教育者の柄ではないのですが、これは修羅の克服を是とする私の生涯をかけた試みでもあるのです。一人稽古を推奨し技の完成度を高め、さらに多くの方々と交わる楽しみの中から「合氣とは愛」「敵をして戦う心を無くする」「敵そのものを無くする」修羅との決別の至上境への道を多くの方々に指示したいのです。

日本刀の美しい輝きは、修羅の世界にどっぷりはまり込み、肉体の軛《くびき》にとらわれ能力を発揮できない武人の魂を解放し、突き抜けた自分を実現できるものだと思います。そのことを、苛烈な環境下、修羅に明け暮れた武人たちも猛烈に感じ取り、刀鍛冶に希求した結果かくも美しい日本刀が育っていったものでしょう。

四　かっぺ刀工松葉國正の武と美を巡る人生は

私の人生もやはり、悲喜こもごもいろいろなことがありました。刀鍛冶として、まずまずの成功を得たと思いますが、幸運に助けられたと思います。

この20年は、頻発する痛風発作で歩行困難に陥ることも少なくなく、また理不尽極まりない暴力事件に巻き込まれ怪我を負ったこともあります。

武術、とくに剣術の強さなど、現代社会ではほとんど意味がありません。病気にはほぼ無力ですし、ならず者に対してでさえ、せっかく鍛えた業や体力を振るおうものならたちまち傷害の加害者となり、司直の追及を受けます。

見た目と違って、いや、見た目通りかな、間抜けで、ばかげたドジを踏むことが多い私の日常は、武道家としても職人としても甚だ凡庸であることを如実に現していますね。かの松浦静山がそのようなことを述べている文章に武道家たらんという望みを抱いていた十代の頃出会って、たいそう失望した思い出があります。お調子者のおっちょこちょいである自覚は既にありましたから。

確かに肉体を酷使する刀鍛冶として鍛えられてきましたし、今でも多少剣を使え、合気も少々出来ます。しかし、武術家、武道家として一流であることは、業の巧緻や、肉体の練磨だけではたりません。常に油断なく、抜け目なく、おのれを律して日常を生きて行けなくては本物とはならないでしょう。どだい私なんぞには無理な話です。腕力自慢など、現代日本に真面目に生きる一般市民にはほぼ無意味なのだと、件の事件では痛感させられました。

それは自分が修羅の世界のとらわれから、一歩も出ていなかったからだと思います。

「敵を無くする」合気道の精神、鞘の内にて勝つ居合の心、じつはそれこそが最強、天下無敵への道であることをもう老人になろうかというこの年齢になってやっと、本当に理解できました。それは修羅を超え、肉体の軛からも離れ、大霊界を身近に感じられることで真の幸福への扉を開くものです。やはり死ぬことは怖い、それは動物としての自然な反応だと思いますが、日常の理解を超えた武道の作用によって、かすかではあるけれどたしかな霊魂の存在を実感すると死への恐怖は半減します。修羅の武道から魂の武道への昇華なしには、武道の今日的存在意義はほぼないのではないでしょうか。

日本刀にも、今までと違う、とらわれない心で向き合って制作に励んでいます。武道だけでなく刀も、氣のツール（刀気功、刀禅、刀剣美瞑想など）としての機能が心身の健康にも大きく貢献できることがわかってからは、とにもかくにも人類に貢献できる刀身であればなんでもいいと。美術一辺倒もあり、武術一辺倒でもオッケー、目に見えぬ力まで引き出す日本刀を極めつくしてみたいと思います。それは刀鍛冶としての普段の努力、美しい刀身をひたすらに求めること

日本刀は〝氣〟を養うツールとしても機能します。

私が考案した三尺棒を用いた一人稽古法です。氣の巡る身体が養成されます。

と全く矛盾しない、と固く信じているのです。

私は武術家、田舎刀工として十分面白い人生を生きています。しかし簡単なことではありません。いつも自分らしく生きるためにできるだけ表裏なく、自分を必要以上に飾ることなく、他と比較し修羅の泥沼に陥らないように、誰とでも同じ目の高さで交わることを心がけてきました。とくに合気道の修業によって多少なりともできつつあるかな、と思います。

正直申し上げれば、今でもなお、弱くて臆病な自分が嫌で、ことさらに突っ張ったり、強がったりしていた若いころからの癖がでて、人様と衝突しそうになることもあります。

私が凡庸な自分を知らず、強い武術家であろうとしていたならば、このような修羅の苦しみから抜け出せず、合気道家として一流であろうとすれば、また様々なしがらみに埋没し、今日の平穏で愉快な毎日はもたらされなかったことでしょう。武とは、修羅を突き詰めて生きることなのかもしれない、と思っています。

何度も何度も述べていますが、日本刀がその美を競いはじめた数百年前から、修羅を超え人間を極める道具へと徐々に変化してきたこと、この変化はしかし武器としての機能は強烈に残しつつ、です。であるからこそ、サムライが存在しなくなっても日本刀は、人類社会に心の豊かさ、深み、高みをもたらす美術として欠かせないものであり続けられるのでしょう。

私にとって刀剣美創造は最も達成感を得られる仕事です。そんな私が今、様々な工夫を凝ら

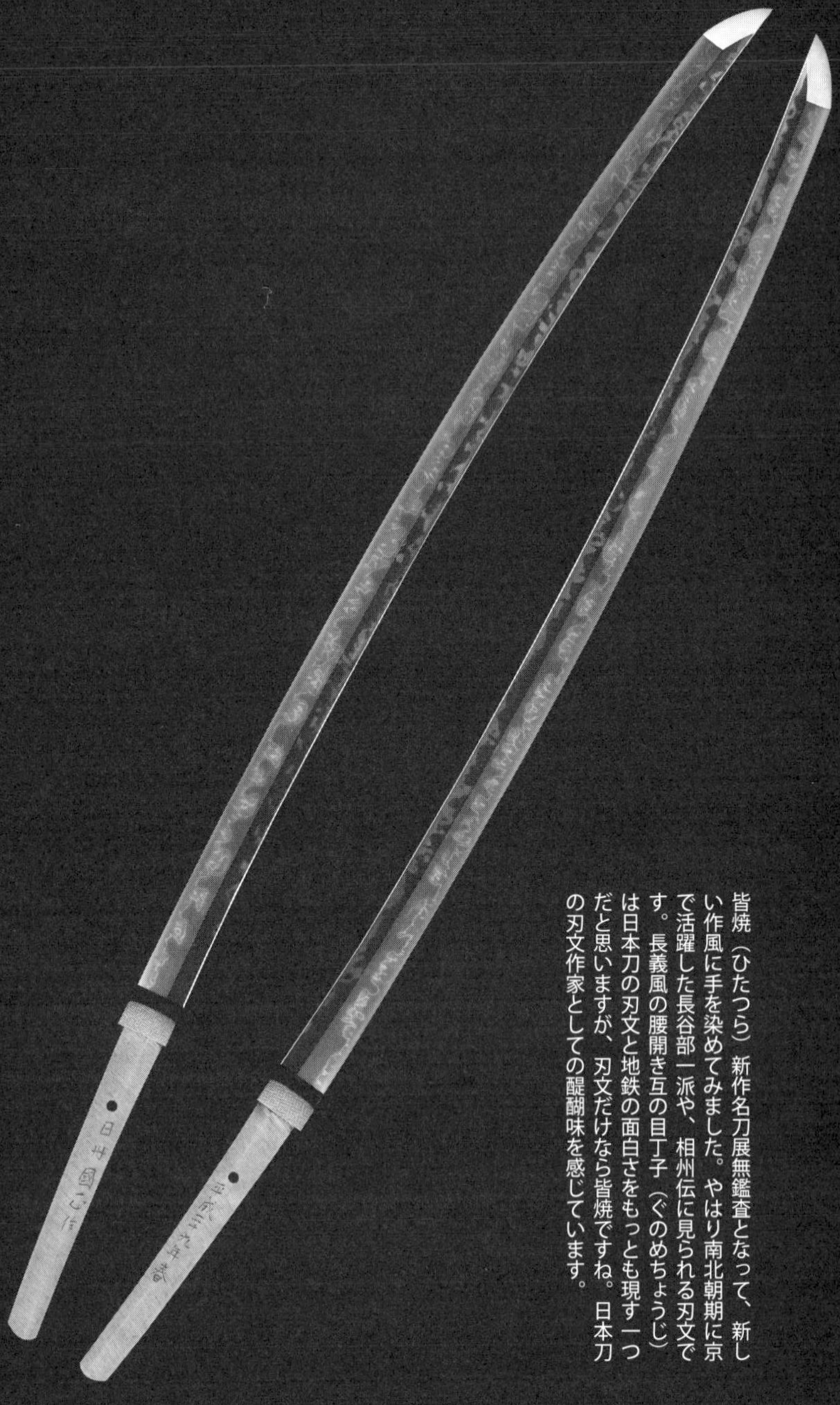

皆焼（ひたつら）新作名刀展無鑑査となって、新しい作風に手を染めてみました。やはり南北朝期に京で活躍した長谷部一派や、相州伝に見られる刃文です。長義風の腰開き互の目丁子（ぐのめちょうじ）は日本刀の刃文と地鉄の面白さをもっとも現す一つだと思いますが、刃文だけなら皆焼ですね。日本刀の刃文作家としての醍醐味を感じています。

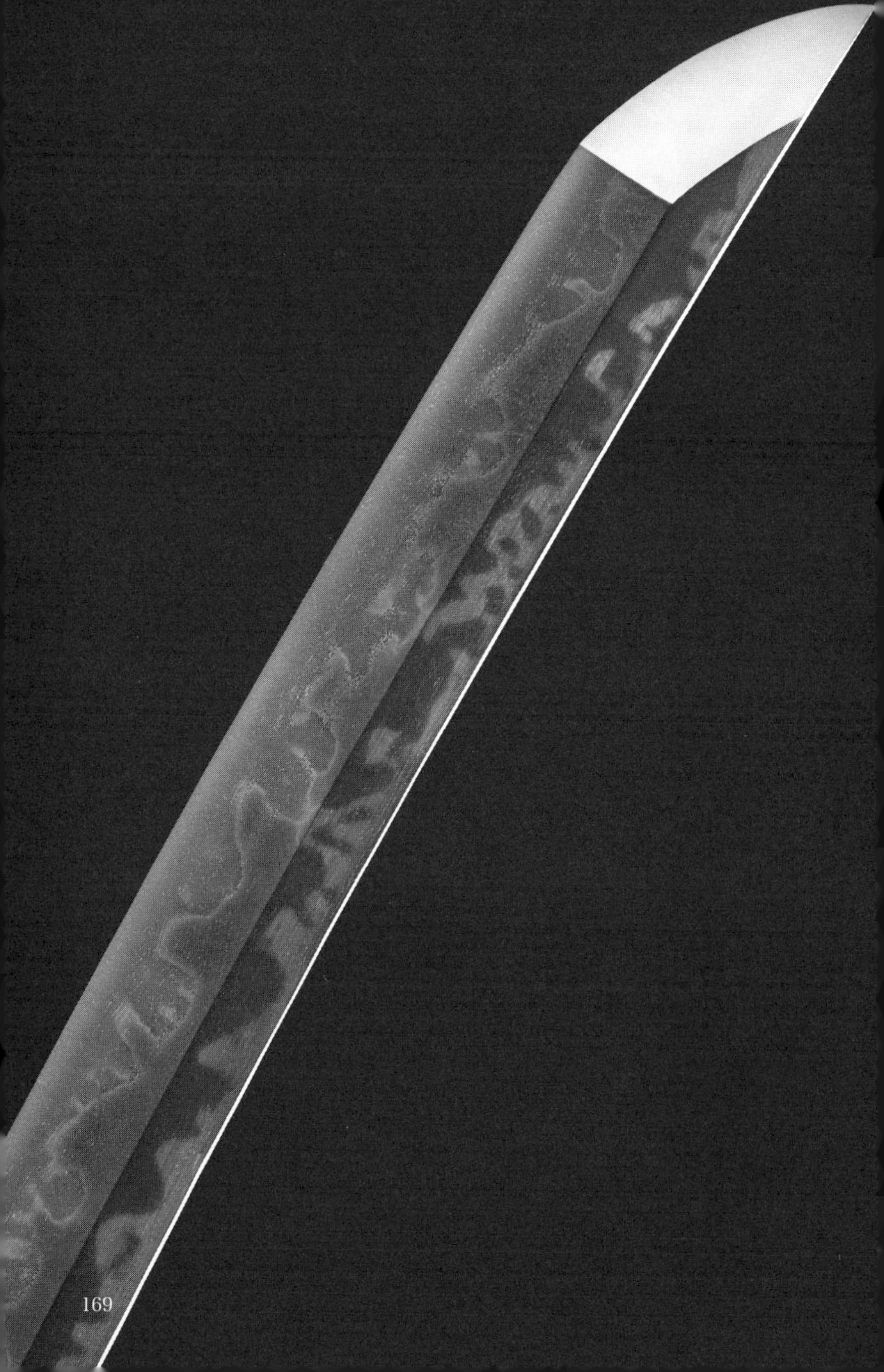

し焼き入れに苦心しているのは、皆焼《ひたつら》という刃文です。剣戟の中では破損の可能性もあるけれど、逆に剣戟にさらされる可能性はほぼないのですから、鋼に描きうる最高の刃文を作ってみようと…。

もう一つ、故杉田善昭刀匠が生涯をかけ完成を夢見た技法（名付けて一文字伝）は、大変難しいのですが、知識は必要ではないので、海外で日本刀を作っている腕っこきの鍛冶屋たちが次々に挑戦しています。日本の若手でもその古刀然とした仕上がりに魅せられた刀匠は少なくありません。

それは作風として十分に容認できるものですがあまりにも没個性ではないかな、とも思っています。映りという景色が鮮やかに現れ、自然な丁子乱れ刃は、これこそ古刀に通じる道か、と思わされますが、ほぼ誰がやっても同じような作風になるのです。

だから一文字伝（ずぶ焼き）では絶対焼けない刃文を極めてみたいな、と思って取り組んでいます。毀誉こもごも、賛否ありますが、熱く支持してくれる愛刀家も少なくありません。

この刃文の刀を持って斬り合いはやめた方が良いでしょう。間違いなく刃味は良くなると思いますが、この刀は衝撃には弱そうです。

武器から離れた私の作品のもう一つは、瞑想練氣に用いる刀です。ドクター矢山が発見した日本刀の特徴、折り返し鍛錬によって層状をなした鋼を打ち出し研磨した鋭い刃先で円弧を描く日本刀は、人間の気流と親和し増幅するようなのです。刀身をもっての瞑想は深く深く霊性にまで導いてくれるという仮説のもとに、折り返し鍛錬を限界までやってみて、その鋼のみ無垢鍛えで刀身を作ります。これがなかなか素晴らしい練氣のツールとして人気があり、今日まで数多く制作いたしました。あまりにも多く折り返し鍛錬をするので脱炭《だったん》が進み、焼き入れしても硬度が出ず、したがって現実の斬れ味はよくありません。しかし日常我々の心に降り積もる邪気（ストレス）を斬り伏せる、想念（氣）の斬れ味はぴか一なのです。

さらに矢山先生に依頼され、隕鉄（隕石）を用いた瞑想練氣刀の製作も致しました。

隕鉄には炭素はほとんど含まれず、これを和鉄に混ぜて鍛えるとダマスカススチールに似た肌になります。ニッケルも多く含まれているらしいので当然かもしれませんが、しかし、私が縁あって打たせてもらった刀は、ダマスカススチールのものよりはるかに美しく神秘的なものでした。そしてこの刀身の通気効果は、大変素晴らしくて、多少の肩こり腰痛などは刀身で軽くトントン叩くと消えてしまうほどです。（効果は長続きしませんが。）

私の作域、日本刀に込めた想いには、ちょっとありすぎるほど幅があります。

青竹をやや自己流ながら直心影の強い影響を受けた小さなストロークで斬り込み稽古をしているときは、強靭かつ鋭利な刃味、振りやすいバランスこそ日本刀の生命である、と思います。斬れ味よくこの上なく使い易い自作の日本刀で青竹をスパスパッと自在に斬ると、実に気分が良

直心影流特有の短いストロークでの高速連続試斬。

いのです。「俺の刀は実に斬れる!!!」という武術家刀鍛冶の満悦…。

しかし、一流の研師に研磨を依頼した刀身が、美しい白鞘、見事な鎺《はばき》に守られて戻ってきて、鞘《さや》から抜いた時のときめきは、何ものにも代えがたい、喜びに満ち満ちた瞬間で、まさに刀剣芸術の作家刀鍛冶の醍醐味、「こんないい刀が打てるようになって、幸せだなー」と悦にいっています。苦労を重ねた挙句にようやくまともな刀が打てるようになった刀鍛冶のささやかな自惚れは笑ってご容赦くださいね。

居合や剣術も少数ですが弟子があり、居合には隕石（隕鉄）を、古鉄（古刀新刀の折れた刀身）を強烈に卸した高炭素鋼と合わせて鍛えた「燦神」と名付けた刀を使っています。この刀は気のせいか、しばらく振っていると自身の気が猛烈に活性化され恍惚としてきます。この、チャクラが開き五感が冴えわたる、不思議な感覚に、日本刀の真価はここにあったのか！と…。ちなみにこの刀は焼きはしっかり入っていますが、硬度が低いので刃味は悪く、あまり斬れません。アニメ、ルパン三世に出てくる五右衛門の斬鉄剣は、隕石から作られてるはずですが…。

かくも矛盾に満ちている私…。しかしこれは私がごくごく普通の人間である証にすぎないのでしょうね。

あとがき

日本の刀鍛冶武道家として、ヨーロッパ、アメリカで合気道や試し斬りを指導したり、日本刀の美、鑑賞について講演したり、孤独な海外活動を始めて今年（２０１７年）で20年になります。ほぼ毎年渡欧、渡米。顧客の獲得が主な目的ですが、自分という人間の可能性を知り、限界を広げる良い修業になっています。言葉の壁を越えて魂の交流ができるのも、日本刀を打つ刀鍛冶である私自身が足を運び、試し斬りをし、合気道では大男を手玉に取って、本物の存在感を示せているからでしょう。手ごたえのある人生です。

刀鍛冶になれてよかった。

刀の世界へ導いてくれた小林師、日本刀作りの何たるかを教えてくれた吉原義人國家両先生、河内國平先生、先輩後輩刀匠の同志の皆さん、何より自己中の私を一貫して支えてくれた妻に、心からの感謝をしたいと思います。

（余計なことですが、職人、中でも刀鍛冶の女房は苦労の連続です。隣の城下町延岡では、トンテンカン、トテンカンの槌音が、「取ってん足らん、取ってん足らん」と聞こえ、焼き入れ時のジューッという音が「ツブリュー」（潰れるー）と聞こえると揶揄されていたそうです。昔から経費ばかりかかって実入りの少ない鍛冶屋の内情は知られていたのでしょうね。)

そしてまた合気道、剣術、気功を指導していただいた砂泊諴秀師、青木宏之先生、秋吉博光先生、野中日文先生、矢山利彦先生、合気道同志の方々に、言い尽くせない恩義と感謝を感じています。そうです。なによりこんな私に執筆を依頼、辛抱強く完成を待ってくれたBABジャパンの原田伸幸氏、恐れ多くも素敵すぎるイラストを実物の10倍カッコよく書いてくれたながやす巧先生、これまた実物より2、3割よく写真を撮ってくれた麻生えりさん、そしていつも超強力にサポートいただいている小池夫妻にも格段の感謝を申し上げなくてはなりません。

日本には日本刀の刀鍛冶が存在している、そのことが我が国のアイデンティティ、日本が日本であるために不可欠なものだという信念の下、全身全霊で汗にまみれ、火花に身を焦がしながら命尽きるまで日本刀を打ち続けてまいります。

それが多くの方々の恩義に報いる唯一の道だし、私の天命、謹んで受容し思い切り楽しんでまいりたいと思います。

最後までお読みいただき、ありがとうございました。

２０１７年９月

松葉國正

松葉國正（まつば　くにまさ）

1959年生まれ。11歳から剣道を始め、以後、居合、空手道などを学ぶ。作刀を依頼した事がきっかけで、1983年、刀匠小林康宏師に入門。その後岡山の兄弟子であった安藤広清師の下で学び、1989年2月、刀匠資格取得。生まれ育った宮崎県日向市の自宅に鍛刀所を構える。

日本美術刀剣保存協会会長賞、薫山賞、寒山賞他、四年連続で特賞第一席獲得等、受賞多数。2014年無鑑査認定。一方で、万生館合気道の砂泊諴秀館長に師事し、20年以上にわたり学ぶ。

剣の術理を活かした武道家としても名高く、国内だけにとどまらず欧米を中心に、合気道や剣術の演武、講演、セミナーなどを精力的に行なっている。

写真：麻生えり（p.4-5、31、44、46、48-49、51、57、59、62、70、73、83、85、94-95、145、146、151、155、165、172、176）

装幀：中野岳人

本文デザイン：リクリ・デザインワークス

日本刀が斬れる理由《わけ》、美しい理由《わけ》

2017年10月30日　初版第1刷発行

著　者　松葉 國正

発行者　東口 敏郎

発行所　株式会社ＢＡＢジャパン

〒151-0073 東京都渋谷区笹塚1-30-11 4・5F

TEL　03-3469-0135　　FAX　03-3469-0162

URL　http://www.bab.co.jp/

E-mail　shop@bab.co.jp

郵便振替 00140-7-116767

印刷・製本　株式会社暁印刷

ISBN978-4-8142-0084-9　C2075

BOOK Collection

日本人の魂が宿る!　究極の武器

全解 日本刀の実力

一閃で鉄も両断!　比類無き"斬撃の理"に迫る。日本刀の使い方、見方·選び方、製造工程…。これ一冊ですべてがわかる!　鉄板、銃剣、古銭、生卵、蝋燭～東郷秀信師範による高速度カメラが捉えた試斬の瞬間を巻頭カラーで掲載!　その深い輝きを放つ刀身と独特の反りは、我々の遺伝子に刻まれた記憶を呼び覚ます―。日本刀は単なる武器を超えた日本文化の結晶といえる。

●月刊秘伝特別編集　●B5判　●164頁　●本体1,500円+税

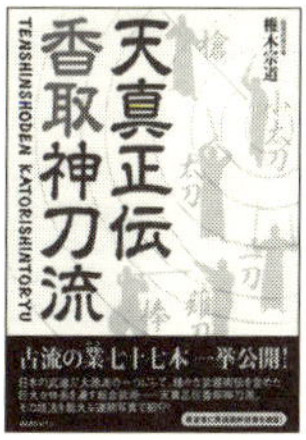

天真正伝香取神刀流

いにしえより武の郷に家伝されし精妙なる技法群

日本の武道三大源流の一つにして、様々な武器術伝を含めた巨大な体系を遺す総合武術～天真正伝香取神刀流。いにしえより武の郷に家伝されし精妙なる技法群――居合(表·五行·極意)、剣術(表ノ太刀·五行ノ太刀·七条ノ太刀)、棒術(表ノ棒·中段ノ棒)、薙刀術、両刀、小太刀、槍術、竹ノ内流居合、鹿島新当流棒術、懐剣――その技法を膨大な連続写真で紹介します。

●椎木宗道 著　●B5判　●180頁　●本体1,800円+税

無雙直傳英信流居合道入門

詳細な註記と連続写真でよく分かる!

河野百錬先生、福井虎雄先生からの教えと、自らの半世紀以上に渡る研鑽で得た気づきを、約2000点の写真とともに一冊に集約した「業(技の一連の動作)」の基準と「技(一つひとつの動作)」の基本の詳解覚書です。

●江坂静嚴 著　●B5判　●552頁　●本体3,000円+税

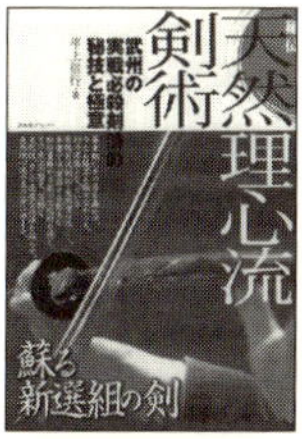

秘伝 天然理心流剣術

武州の実戦必殺剣 秘技と極意　蘇る新撰組の剣

かつて、幕末の日本を震撼させた新撰組の剣·天然理心流。本書では、元祖直筆秘伝書を始め、現存する秘伝書·秘資料群から、歴史、思想、教伝体系を読み解き、かつて失われた武術技法と型の復元の成果を公開する。有名でありながらも、謎に包まれた古典剣術·天然理心流、その真の姿がここに!

●平上信行 著　●B5判　●212頁　●本体1,900円+税

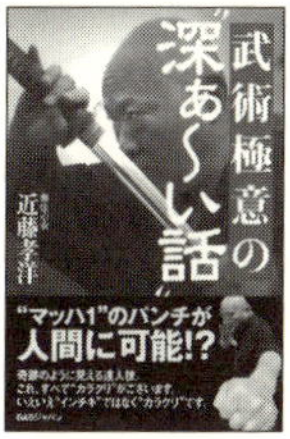

武術極意の深ぁ～い話

"マッハ1"のパンチが人間に可能!?　唯一無二の面白さ!　誰も教えてくれなかった達人技のヒミツがわかる!　奇跡のように見える達人技。これ、すべて"カラクリ"がございます。いえいえ"インチキ"ではなく"カラクリ"です。信じられないような"達人技"を、読んだ事ない"達人テイスト"で解説!　剣術·合気·柔術·中国武術～あらゆる武術極意のメカニズムがわかる!

●近藤孝洋 著　●四六判　●248頁　●本体1,400円+税

BOOK Collection

新装改訂版 気剣体一致の「改」

"常識"を捨てた瞬間に到達できる神速の剣術

「最大最小理論」「等速度運動理論」「無足の法」…。今なお進化し続ける「孤高の達人」が綴る古流剣術に秘められた身体改造理論。今だから語れる"最高到達点"からの言葉! 三部作第二巻 いよいよ剣術編! 武術理論があなたの"動き"を別次元に導く!

●黒田鉄山 著 ●四六判 ●228頁 ●本体1,700円+税

新装改訂版 気剣体一致の「極」

常識では決して届かない"見えない技"の極限領域

「鞘の内」という極意。抜かずして抜き身と同等の状況を創る身体とは? 居合すなわち座った状態から、すでに立っている剣術者に対抗すること。普通ならどんなに急いで立ち上がろうとしたところで、かなう訳がない。しかし、ここから状況逆転を起こす奇跡のような身法の一つが"浮身"。立ち上がるのとはまるで違う、その原理とは? 武術理論があなたの"動き"を別次元に導く!

●黒田鉄山 著 ●四六判 ●272頁 ●本体1,700円+税

古武術「仙骨操法」のススメ

速く、強く、美しく動ける!

あらゆる運動の正解はひとつ。それは「全身を繋げて使う」こと。古武術がひたすら追究してきたのは、人類本来の理想状態である"繋がった身体"を取り戻すことだった!スポーツ、格闘技、ダンス、あらゆる運動を向上させる"全身を繋げて"使うコツ、"古武術ボディ"を手に入れろ!誰でもできる「仙骨体操」ほか、古武術をもとにしたエクササイズ多数収録!

●赤羽根龍夫 著 ●A5判 ●176頁 ●本体1,600円+税

武術の"根理"

何をやってもうまくいく、とっておきの秘訣

剣術、空手、中国武術、すべて武術には共通する根っこの法則があります。さまざまな武術に共通して存在する、身体操法上の正解を、わかりやすく解説します。剣術、合気、打撃、中国武術…、達人たちは実は同じことをやっていた!?
　あらゆる武術から各種格闘技、スポーツ志向者まで、突き当たっていた壁を一気に壊す重大なヒント。これを知っていれば革命的に上達する。

●中野由哲 著 ●四六判 ●176頁 ●本体1,400円+税

サムライ・ボディワーク

日本人が求める身体の作り方は日本人が一番知っていた!

「強靭な"基盤力" しなやかな"自由身体" 敏感な"高精度システム"」 カタカナ・メソッドばかりがボディワークにあらず! 伝統・古流武術こそが理想のボディワークだった!! 体幹を強化し、全身をしなやかに繋げる! 振り棒、四股、肥田式強健術、自衛隊体操自彊術、茶道、野口体操、弓道…etc. 選りすぐりの"知られざる究極身体法"を収録したトレーニング集!

●月刊秘伝特別編集 ●A5判 ●176頁 ●本体1,600円+税